# PSICOLOGIA TRANSPESSOAL
## VISÃO METAFÍSICA

Catalogação na Fonte
Elaborado por: Josefina A. S. Guedes
Bibliotecária CRB 9/870

M929p  Moura, José Evilásio de
2020      Psicologia transpessoal: visão metafísica / José Evilásio de Moura.
          1. ed. - Curitiba: Appris, 2020.
          289 p. ; 23 cm

       Inclui bibliografias
       ISBN 978-85-473-2807-8

       1. Metapsicologia. 2. Metafísica. 3. Psicologia I. Título.

CDD – 128

Livro de acordo com a normalização técnica da ABNT

Editora e Livraria Appris Ltda.
Av. Manoel Ribas, 2265 – Mercês
Curitiba/PR – CEP: 80810-002
Tel: (41) 3156 - 4731
www.editoraappris.com.br

Printed in Brazil
Impresso no Brasil

José Evilásio de Moura

# PSICOLOGIA TRANSPESSOAL
VISÃO METAFÍSICA

Editora Appris Ltda.
1.ª Edição - Copyright© 2020 dos autores
Direitos de Edição Reservados à Editora Appris Ltda.

Nenhuma parte desta obra poderá ser utilizada indevidamente, sem estar de acordo com a Lei nº 9.610/98. Se incorreções forem encontradas, serão de exclusiva responsabilidade de seus organizadores. Foi realizado o Depósito Legal na Fundação Biblioteca Nacional, de acordo com as Leis nos 10.994, de 14/12/2004, e 12.192, de 14/01/2010.

## FICHA TÉCNICA

| | |
|---|---|
| EDITORIAL | Augusto V. de A. Coelho |
| | Marli Caetano |
| | Sara C. de Andrade Coelho |
| COMITÊ EDITORIAL | Andréa Barbosa Gouveia (UFPR) |
| | Jacques de Lima Ferreira (UP) |
| | Marilda Aparecida Behrens (PUCPR) |
| | Ana El Achkar (UNIVERSO/RJ) |
| | Conrado Moreira Mendes (PUC-MG) |
| | Eliete Correia dos Santos (UEPB) |
| | Fabiano Santos (UERJ/IESP) |
| | Francinete Fernandes de Sousa (UEPB) |
| | Francisco Carlos Duarte (PUCPR) |
| | Francisco de Assis (Fiam-Faam, SP, Brasil) |
| | Juliana Reichert Assunção Tonelli (UEL) |
| | Maria Aparecida Barbosa (USP) |
| | Maria Helena Zamora (PUC-Rio) |
| | Maria Margarida de Andrade (Umack) |
| | Roque Ismael da Costa Güllich (UFFS) |
| | Toni Reis (UFPR) |
| | Valdomiro de Oliveira (UFPR) |
| | Valério Brusamolin (IFPR) |
| ASSESSORIA EDITORIAL | Jhary Artiolli |
| REVISÃO | Maria Ducarmo Martins \| Ana Maria A. Luz |
| PRODUÇÃO EDITORIAL | Lucas Andrade |
| DIAGRAMAÇÃO | Andrezza Libel |
| CAPA | Eneo Lage |
| COMUNICAÇÃO | Carlos Eduardo Pereira |
| | Débora Nazário |
| | Karla Pipolo Olegário |
| LIVRARIAS E EVENTOS | Estevão Misael |
| GERÊNCIA DE FINANÇAS | Selma Maria Fernandes do Valle |

*Dedico este livro aos meus filhos: Érick Jung S. Moura, Vanessa Santos Moura e Larissa Mylena Santos Moura. À companheira, Osanilde N. Santos Moura, aos meus familiares e amigos, como também às energias positivas universais e a todos aqueles que buscam desvendar o conhecimento de si mesmo e os mistérios do universo.*

*Evilásio Moura*

*A finalidade única da existência humana é de acender uma luz
na escuridão do ser!*

*(Carl G. Jung)*

*Há coisas, que ainda não são verdadeiras; que,
talvez não tenham o direito de ser verdadeiras,
mas que poderão ser amanhã.*

*(Carl G. Jung)*

*Somos seres inacabados, estamos sempre faltando algo. Então
seja essa metamorfose ambulante!*

*(Evilásio Moura)*

# APRESENTAÇÃO

Neste trabalho, caro leitor, apresento-lhe a obra lançada e intitulada *COSMOLOGIA – Psicologia Transpessoal – visão holística*, de forma subdividida em três titulações, a saber: Livro 1: *Psicologia Transpessoal, visão metafísica*; Livro 2: *Psicologia Transpessoal: Saúde mental*; Livro 3: *Psicologia Transpessoal: Filosofia, Ocultismo, Misticismo, Ciência*. Nesse primeiro livro, tem-se o propósito de apresentar a Psicologia Transpessoal numa visão metafísica, ousadia para a limitação terráquea, por tratar não somente da substância, mas da essência do ser, da alma, da profunda subjetividade do ser, mesmo compreendendo o impacto gerado, as incompreensões e reações daqueles que se enquadram nos dogmas da ciência materialista e nos moldes dos paradigmas Newto-Cartesiano. Na realidade material, essa Psicologia parece nova, despontou no final da segunda metade do século XX (anos 60) como quarta força da Psicologia, germinada da Psicologia Humanista, tendo como percussores: Abraham Maslow, Carl Rogers, F. Pearls e, posteriormente, Antony Sutich, Frijof Capra, Wilber, Grof, Roberto Assagiole, entre outros. Essa Psicologia encontra-se em processo de construção e ainda é vista com restrição pelo conhecimento científico, por tratar de fenômenos de difícil controle e comprovação pelos critérios do mundo científico.

Sabemos da dinâmica do saber, do movimento e da transformação de tudo, que a verdade absoluta nenhum ser limitado conseguiu atingir, compreendo que estamos até em processo de evolução para esse fim. Entendo que a Psicologia é a ferramenta indispensável para acelerar esse processo a partir da abertura do psiquismo, para que possamos saber quem somos, de onde viemos e para onde vamos, pois nosso cérebro é uma máquina altamente potente e pouco conhecida, no entanto encontra-se ainda um tanto fechado, quase lacrado (latente).

É bom saber, a partir de anos de estudos, que a Psicologia Transpessoal é a ciência primeira, existe desde a formatação do universo, com suas ramificações altamente potentes, surgiu com o sopro divino ora presente nos mundos evoluídos da cosmologia e extracosmologia e que é por meio do psiquismo, dos dispositivos da alma, que nele tudo se processa, tem acesso e se conecta na relação criador/criatura e vice-versa. Portanto as estudamos em busca da evolução e do desenvolvimento de forma holística.

*__José Evilásio de Moura__*

*Psicólogo*

# SUMÁRIO

PRÓLOGO ................................................................ 15

HISTÓRIA DAS PSICOLOGIAS ................................... 17

## MÓDULO I

### PSICOLOGIA TRANSPESSOAL ................................... 21

TEMA 1 - A PSICOLOGIA TRANSPESSOAL – VISÃO METAFÍSICA ........... 23

TEMA 2 - OS CAMPOS DE FORÇA, OS CHAKRAS E AS SUAS CAMADAS
ÁURICAS ................................................................ 35

## MÓDULO II

### A CONSCIÊNCIA ...................................................... 49

TEMA 3 - CONSCIÊNCIA ...................................................... 51

TEMA 4 - VISÃO METAFÍSICA OU TRANSPESSOAL DA CONSCIÊNCIA .......... 71

TEMA 5 - VISÃO PSICANALÍTICA DO ID, EGO E SUPEREGO ................. 75

TEMA 6 - VISÃO METAFÍSICA DO SONO E DOS SONIIOS .................... 77

TEMA 7 - VISÃO PSICANALÍTICA DO SONO E DOS SONHOS ................. 79

TEMA 8 - O SONO E O DORMIR ............................................. 83

TEMA 9 - A INTERPRETAÇÃO DOS SONHOS ................................. 85

TEMA 10 - OPERAÇÕES MENTAIS – COMO O CÉREBRO APRENDE ......... 87

TEMA 11 - INTELIGÊNCIA E COMPORTAMENTO EMOCIONAL ............. 91

TEMA 12 - O CÉREBRO EMOCIONAL OU SISTEMA LÍMBICO ............... 95

TEMA 13 - O SISTEMA NERVOSO (S.N.C., S.N.P. E S.N.A.) .....................97

TEMA 14 - OS NEURÔNIOS..................................................101

TEMA 15 - O ESTÍMULO NERVOSO...........................................105

TEMA 16 - A MENTE HUMANA: PARADIGMA TRANSPESSOAL ............109

TEMA 17 - PSIQUISMO E CRIATIVIDADE ....................................111

TEMA 18 - O SI MESMO......................................................133

TEMA 19 - O PENSAMENTO...................................................137

TEMA 20 - A MEMÓRIA.......................................................139

TEMA 21 - TRANSTORNO OBSESSIVO-COMPULSIVO (TOC): UMA VISÃO TRANSPESSOAL .............................................................141

TEMA 22 - DOENÇAS PSICOSSOMÁTICAS ...................................143

# MÓDULO III

# METAFÍSICA, MISTICISMO, FILOSOFIA E RELIGIÃO......145

TEMA 23 - ALMA E ESPÍRITO ................................................147

TEMA 24 - RELIGIÃO: RESSURREIÇÃO E REENCARNAÇÃO.................149

TEMA 25 - VIDA E MORTE....................................................155

TEMA 26 - A MORTE .........................................................157

TEMA 27 - CABALA OU A MÁQUINA DE FILOSOFAR........................159

TEMA 28 - CRENÇAS ANTIGAS SOBRE A MORTE ..........................161

TEMA 29 - PONTO DE VISTA DOS FILÓSOFOS SOBRE A VIDA APÓS A MORTE .....................................................................165

TEMA 30 - PONTOS DE VISTA SOBRE A ALMA .............................169

TEMA 31 - A CLONAGEM: VISÃO TRANSPESSOAL OU METAFÍSICA........173

TEMA 32 - UMA VISÃO TRANSPESSOAL DE GENES E MECANISMOS REENCARNACIONISTAS ......................................................177

TEMA 33 - COMPORTAMENTO SEXUAL: ENTREVISTA COM JHONY & KAYENY ..............................................................................183

TEMA 34 - PARADIGMA TRANSPESSOAL ...................................191

TEMA 35 - PENSAMENTO DOS *MÍSTICOS*, FILÓSOFOS, CIENTISTAS E METAFÍSICOS.................................................................................193

TEMA 36 - MISTICISMO E FILOSOFIA.........................................197

TEMA 37 - DO MAGNETISMO AO MISTICISMO ..........................199

TEMA 38 - PENSAMENTO DOS FILÓSOFOS...............................207

TEMA 39 - MISTICISMO CHINÊS....................................................209

TEMA 40 - A CIÊNCIA MATERIALISTA E A METAFÍSICA....................211

# MÓDULO IV

## ENERGIA CÓSMICA – REIKI .............................................217

TEMA 41 - REIKI – VISÃO MATERIAL OU DA LIMITAÇÃO TERRENA........ 219

TEMA 42 - REIKI – DA ERRATICIDADE SOBRE ENERGIA UNIVERSAL: ENTREVISTA FEITA COM O MENTOR (ESPÍRITO JHON).....................227

# MÓDULO V

## PSICOLOGIA TRANSPESSOAL – TRIMENTAL.............235

TEMA 43 - A PSICOLOGIA TRANSPESSOAL TRIMENTAL....................237

TEMA 44 - A SUPERCONSCIÊNCIA ...............................................243

TEMA 45 - O PODER DO PENSAMENTO POSITIVO .........................247

TEMA 46 - EXERCÍCIOS RESPIRATÓRIOS .....................................249

TEMA 47 - VISUALIZAÇÃO: UMA ABORDAGEM TRANSPESSOAL..........263

TEMA 48 - TÉCNICAS DE VISUALIZAÇÃO INTEGRAL........................271

TEMA 49 - MEDITAÇÃO FORMAL, SEGUNDO OS BUDISTAS.................273

TEMA 50 - TÉCNICA DA MEDITAÇÃO INFORMAL ...........................277

TEMA 51 - BANHO SECO COM BUCHA VEGETAL ............................279

TEMA 52 - HIDROTERAPIA ..................................................281

TEMA 53 - GEOTERAPIA – A TERAPIA COM ARGILA MEDICINAL..........285

BIBLIOGRAFIA...........................................................287

# PRÓLOGO

O livro *Cosmologia – Psicologia Transpessoal – visão holística* lançado em 2009 foi fruto de décadas de estudos e pesquisa sobre o ser humano, sua psiquê, alma, mente e comportamento integrado evidentemente a vários aspectos da existencialidade. Contém dez módulos, 71 temas (da Psicologia, Filosofia, Religião, Ocultismo, Misticismo e Ciência) e 203 subtemas, tendo em vista a práxis por ser um livro de autoajuda.

O primeiro trabalho foi desmembrado e se encontra nessa obra dividido em três volumes denominados: *Pequena Coleção das Obras de Evilásio Moura*, e tem a pretensão de focar em conhecimentos específicos da Psicologia Transpessoal e atingir a práxis tanto no campo da teoria como da prática, a partir das experiências como psicólogo, bem como por meio dos estudos e da pesquisa desse ser tão complexo e um tanto desconhecido: o ser humano. Embora esteja em constante transformação, a partir da luta pela sobrevivência, pela evolução, ainda não encontrou a verdadeira finalidade da existência. Segundo o guru e precursor da Transpessoal, Dr. Carl Gustav Jung, "acender uma luz na escuridão do ser". Infelizmente, seu foco tem sido mais centrado nos valores materiais, orgânicos, efêmeros e ilusórios de forma mecanicista, determinista. Entendo que esse ser guerreiro conseguiu relevantes progressos tecnológicos, porém o si mesmo, a interiorização do ser, a sua transcendência no campo metafísico, da moral e da ética, ainda se apresenta de forma primeva, pouco conhecida e explorada à luz da Psicologia e da ciência.

Consciente desse quadro obscuro, procurei, neste trabalho, despertar no leitor a necessidade da reflexão crítica, filosófica e científica, sugerindo a utilização de técnicas de meditação, relaxamento, harmonização, visualização, a partir de recursos que ajudem fazer vir à tona esse potencial incrível e adormecido que todos nós possuímos e pouco utilizamos. Enfim, precisamos quebrar esse paradigma Newton-Cartesiano que não atende mais à compreensão desse novo ser, e, com isso, procurarmos descortinar essa nova concepção humana que é a visão holística e Transpessoal do ser (corpo, mente, alma e espírito), fazendo uso dos conhecimentos científicos existentes, da Física Quântica (provando que tudo é energia), da interdisciplinaridade, transdisciplinaridade para melhor compreender o ser humano no desenvolvimento das suas potencialidades, na busca do autoconhecimento, da autorrealização, da autotranscedência, enfim, da felicidade; desmistificando, contudo, os enigmas da existencialidade. Nessa concepção do si mesmo e de mundo, o homem precisa romper os paradigmas do anestesiamento mental, da obnubilação e, por fim, abrir uma nova janela para o si mesmo, para o universo, certificando quem verdadeiramente somos, de onde viemos e para onde vamos. E, assim, tornaremo-nos senhores do nosso destino, da nossa história e, sobretudo, seremos mais livres e responsáveis pelos nossos atos, sintonizados nas leis da natureza de modo que possamos viver mais centrados no presente e com perspectiva de um futuro promissor e de uma consciência mais aberta e "iluminada".

*O autor*

# HISTÓRIA DAS PSICOLOGIAS

## RESUMO

1. **Behaviorismo:** *Watson/Skinner – Séc. XIX-XX. Objeto: comportamento observável, Técnica: Condicionamento (Clássico – Operante), homem produto do meio. Esquema S- R, Reforço: positivo/negativo, Modelagem, condicionamento.*

2. **Psicanálise:** *Sigmund Freud – Aparelho psíquico (Id, Ego, Superego). Objeto de estudo: o Inconsciente, determinismo, causalidade. Princípios: Prazer, Realidade. Pulsões: Thanatos e Eros; fases do desenvolvimento (oral, anal, fálica, latente e genital). Objetivo: tornar consciente o inconsciente. Mecanismos de defesa do ego: Projeção, negação, sublimação, introjeção, racionalização, formação reativa... Interpretação de sonhos associação livre.*

3. **Humanismo:** *Abrahan Maslow/Carl Rogers/F. Pearls – autorrealização, sujeito ator, percepção, insight.*

4. **Transpessoal:** *Jung, Sutich, Assagiole, Wilber. Grof. Frankl, Vich, Fadimam, Murphy, F. Capra – a autotranscedência, consciência plena; visão holística, o todo (corpo mente, alma, espírito), imortalidade da alma. Técnica: reiki, regressão, meditação, respiração, visualização, fitoterápicos; Lei transversa.*

### Psicologia Transpessoal

### Síntese

**Etimologia:** *Além dos limites do pessoal, da personalidade, da identidade, da individuação.*

**Definição:** *Estuda as possibilidades psíquicas (mentais, emocionais, intuitivas, somato-sensoriais).*

**Objetivo:** *Tratar o homem como ser integral, holístico, um ente complexo que engloba aspectos biopsicossocial e espiritual, os seus estados de consciência superiores, a autotranscendência.*

**Objeto de estudo:** *A consciência plena, o todo, a alma, os dispositivos aderidos ao perispírito. A alma foi e é o primeiro composto, a primeira luz. Não existe alma sem consciência e consciência sem alma.*

**História:** *A Psicologia Transpessoal surgiu no plano terreno nos Estados Unidos no* final *da década de 60, a partir de um movimento que se tornou conhecido como a quarta força em Psicologia, e foi divulgada em seminários, artigos, correspondências, revistas com o tema Psicologia Transumanística, tendo como precursores: Carl Gustav Jung, Abraham Maslow, Carl Rogers.*
*Na erraticidade a Psicologia Transpessoal originou-se com o primeiro sopro divino, há mais de 150 trilhões de anos, na formatação do universo. Depois, foi estudada por filósofos e místicos, doutrinas mediúnicas, doutrinas orientais.*

**Precursores:** *Energia universal (Deus), Carl Gustav Jung, Abrahan Maslow, Carl Rogers, Willian James, Wilber Stanislav Grof, Antony Sutich, Roberto Assogioli, Frit jof Capra, James Fadiman, Michel Murphy, Miles Vich, Viktor Frankl...*

**Modelo de saúde:** *De dentro para fora, com o foco na dimensão espiritual do ser humano, a humanização, nos conflitos existenciais (corpo, mente, alma, espírito), no contexto sócioeconômico e político.*

**Influências:** *Budismo e hinduísmo, da filosofia oriental e ocidental.*

**Técnicas:** *Reiki, yoga, meditação, sonhos, relaxamento, respiração, visualização, fitoterápicos, hidroterapia, massoterapia, cromoterapia, geoterapia, regressão, hipnose regressiva...*

**Paradigma:** *Holístico e não Newton-Cartesiano*

**Método:** *Desenvolvimento espiritual.*

**Axioma:** *Budismo – tudo é vivo, desde a menor partícula do átomo até Deus, a essência é a mesma.*

**Postulado:** *Unir o oriente ao ocidente, o mundo físico e extrafísico.*

**Teses:** *A Psicognição. A mente é uma espécie de campo que ultrapassa de longe o cérebro e se encontra tão integrado na mente universal quanto as ondas do mar.*

**Propósito:** *Substituir os valores egoicos e individuais por valores humanitários e cósmicos.*

**Enfoques:** *Fenômenos do campo transpessoal – Psicologia analítica junguiana; Psicologia do ser de Maslow; Psicossíntese – Roberto Assagiole.*

PSICOLOGIA TRANSPESSOAL: VISÃO METAFÍSICA

*Jung é considerado como precussor, pai da Psicologia Transpessoal, mas, mesmo sendo considerado um estudioso das religiões orientais e ocidentais, não se atreveu a introduzir a reencarnação em suas pesquisas.*

*A Psicologia Transpessoal aceita a reencarnação. A Psicologia Transpessoal visa a facilitar o crescimento humano em todas as suas potencialidades.*

*A Psicologia Transpessoal trabalha com métodos naturais: ervas, reiki, hidroterapia hidroginástica etc.*

*O nível Transpessoal é o nível de expansão da consciência para além das fronteiras do ego, é o nível de inconsciente coletivo dos fenômenos que estão associados.*

***Obstáculos:*** *Religião, Subjetividade, loucura. As pessoas têm medo da loucura e de se conhecer, preferem o princípio do prazer ao da realidade.*

*A Psicologia Transpessoal não pode em hipótese nenhuma ser utilizada como religião, por tratar da dimensão espiritual, pois deve ser vista como ciência.*

***Vórtices fluídicos:*** *São químicos, ectoplasma.*

*A Psicologia Transpessoal é uma ciência e sua filosofia é espiritualista, e esta é filosofia e ciência.*

***O fundamento*** *maior da psicologia é a dimensão energética – energia latente.*

***Leis:*** *Causa e efeito, leis do retorno, lei transversa e lei universal.*

*Existem muitas ramificações da Psicologia Transpessoal que ainda não foram sistematizadas no nosso mundo terráqueo e que, no futuro próximo, virão. Pretendo sistematizar uma ou mais dessas ramificações da Psicologia Transpessoal, seguindo os mesmos critérios desenvolvidos pelas teorias já conhecidas, ou seja, com objeto de estudo, métodos e técnicas da ciência.*

*Ramificações da Psicologia Transpessoal nos mundos, a saber: A Psicologia Transpessoal (Universal, Diretiva, subjetiva, Integral, Interativa, Dimensional, Funcional, Introspectiva, Transcendental, Seletiva, Tridimensional, Trimental, Triuniversal, Zen, Diplomáticas... entre outras), que existem nos planetas evoluídos do Sistema Solar, da cosmologia, subcosmologia e da extracosmologia. Essas ainda não foram desenvolvidas no nosso planeta por motivo da nossa limitação evolutiva.*

# MÓDULO I
## PSICOLOGIA TRANSPESSOAL

# TEMA 1

## A PSICOLOGIA TRANSPESSOAL – VISÃO METAFÍSICA

A denominação "Transpessoal" significa literalmente "além dos limites do pessoal" ou além da personalidade. Por "pessoal", entenda-se como uma pequena parte da nossa consciência "consciente", classicamente denominada de "ego".

A nova Psicologia, que não é tão nova quanto parece, surge apoiada numa concepção holística e sistêmica, considera o ser humano como um todo integrado que envolve padrões físicos, mentais, sociais e espirituais. Assim, a base conceitual da Psicologia deve ser compatível tanto com a da Biologia quanto com a da Sociologia, Antropologia e Filosofia a Física Quântica.

A psiquê humana é vista como um sistema dinâmico que envolve uma variedade de fenômenos ligados à autoatualização e ao crescimento contínuo. O que realmente define a orientação transpessoal é um modelo da psiquê humana que reconhece a importância das dimensões espirituais e o potencial para a evolução da consciência.

A Psicologia Transpessoal é conhecida oficiosamente no planeta terra a partir de 1960. Mas na realidade ela existe desde o primeiro sopro de vida universal, no momento que foi fecundado o primeiro ser a nível espiritual. Há milhões de anos, as energias maiores (que podem ser definidas como Deus, ser onipotente, ou força maior), projetaram o universo e puseram vida nesta dimensão universal. Daí partiu a existência dos seres incriados, e com essa existencialidade houve a criação da **inteligência transpessoal**, que consiste em trabalhar o ser como um todo.

Naquele tempo, um ser incriado teria mais de 700 mil dispositivos em pleno corpo, o que hoje para nós foi reduzido na carga neurológica para 2 mil dispositivos, e na disposição de alma, mil. O corpo orgânico hoje recebe no mínimo 10 mil dispositivos funcionando a depender do indivíduo. Subentende-se que a Psicologia Transpessoal foi regida desde o sopro divino, servindo como base. Esse funcionamento se dá a partir dos chakras, desde aquela época até hoje.

Na dimensão universal, não se usa outro tipo de técnica, a não ser as técnicas Transpessoais. Podemos definir a Psicologia Transpessoal como a ciência que estuda o ser como um todo, trabalhando os aspectos alma, mente e corpo orgânico. A Psicologia Transpessoal visa em primeiro lugar à dimensão da alma e à composição dos dispositivos aderidos no corpo perispiritual e orgânico.

Na dimensão universal, o objeto de estudo da Psicologia Transpessoal seria o todo, o comportamento e toda visão interior do ser, a consciência plena. Então se trabalharia o ser de dentro para fora e assim estaria trabalhando a alma, que foi e é o primeiro composto, a primeira luz.

Na criação do ser, primeiro é criada a alma, depois essa alma é acoplada ao corpo orgânico. A vestimenta da alma é o perispírito. E foram os seres incriados os primeiros seres utilizados para formatar o universo. Então a Psicologia Transpessoal veio aderida a essas normas para estudar o desenvolvimento da alma desses indivíduos. A partir daí foi que se decidiu que o ser humano, quando fosse criado, não seria luz, ele não seria plena alma, teria que ter um corpo perispiritual, que revestiria a alma e protegeria ambas as partes, o corpo orgânico e a alma.

O primeiro ponto. Quando foi criado o corpo e fizeram o projeto para o ser humano, pensaram em mandar ele como um ser "etéreo", ele seria indestrutível, não se destruía com o tempo e não adoeceria. Mas se percebeu que, com a existência da camada química no planeta terra, o corpo não aguentaria e não suportaria. Por isso teve que colocar um corpo aparentemente simples, destrutível, regido pela lei de causa e efeito. O corpo orgânico apresenta uma estrutura para suportar essa dimensão química, porém por outro lado não aguentaria os vórtices fluídicos. É por esses motivos que há a separação entre os dois mundos, o mundo sensorial ou extrafísico e o mundo orgânico ou material. Isso porque na matéria existe a composição química que é utilizada para a matéria orgânica como também existe a composição extraquímica que é utilizada para a matéria extrassensorial.

No corpo extrafísico foi criado o perispírito e no perispírito foi descoberto que o indivíduo teria que ter cérebro, ele não poderia ter luz, portanto necessitaria de um corpo dotado de cérebro, um corpo na dimensão neurológica. Mais do que um corpo verdadeiramente vivo, seria a alma, e a transpessoalidade seria utilizada para isso. Do ponto de vista material, o objeto de estudo da Psicologia Transpessoal é a consciência. Lá na crosta terrestre, na primeira camada etérea (base), esse corpo perispiritual é separado ou dividido em sete camadas áuricas e utiliza-se da consciência, pois a consciência está aderida à alma, a consciência plena que se tem lá nos dispositivos maiores separados do plano terreno.

A consciência presente é essa consciência que se utiliza no corpo orgânico. Então para o plano extrassensorial, a Psicologia Transpessoal estuda a consciência como um todo, em seus diversos níveis. E essa consciência, o aparelho utilizado para resguardar, é o dispositivo maior, a alma. Então o objeto de estudo maior é a alma. Sabemos que a consciência é aderida à alma, até porque não há alma sem consciência e consciência sem alma.

Os cientistas organicistas acham que a alma pode ser criada, o que torna impossível a ciência fabricar o clone na sua plenitude, podendo até se fabricar a caixa, mas o conteúdo ele não fabrica, porque a alma é imutável e incriável pelo ser limitado, somente o onipotente tem o poder de criá-la.

Sabemos que a Psicologia Transpessoal tem uma importância imensurável para a vida. Observa-se que existem milhões de pessoas todo dia adoecendo, e se desse importância às energias espirituais na dimensão transpessoal o ser humano adoeceria menos. Se o ser humano tivesse uma noção da Psicologia Transpessoal, ele não adoeceria tanto, não morreria de câncer, porque utilizaria os métodos naturais.

A Psicologia Transpessoal trabalha com todos os métodos naturais, tais como: ervas, imposição das mãos, que pode se chamar de Reiki ou de Passe, yoga aderida às energias universais, hidroterapia, hidroginástica, enfim, todas as terapias alternativas. Onde estiver qualquer técnica natural, a Psicologia Transpessoal vai estar ali, pois a Psicologia Transpessoal está aderida aos princípios universais e nestes foi deixado todo o material essencial para o ser humano se curar. Então lá tem o sol, que dependendo do horário é benéfico para a vida, a água, que um meio condutor da Psicologia

Transpessoal. Sem a energia do próprio corpo, os vórtices fluídicos não podem ser transmitidos a partir do ectoplasma, por via da transposição das mãos, o que pode ser chamado de Reiki ou imposição de mãos. A energia Reiki vem do ectoplasma.

A Psicologia Transpessoal é importante para a vida por estar aderida em todas as paredes energéticas universais. Só que ela não é utilizada porque as pessoas não têm conhecimento. Todas as outras Psicologias são importantes para se ter conhecimento do ser.

A Psicanálise foi importante para ver como esse ser se desenvolve a nível inconsciente. A Psicologia Humanista tem sua importância para a compreensão das potencialidades do ser e foi a primeira a abrir as portas para a Psicologia Transpessoal, que é a Psicologia mais importante do universo, por buscar a raiz do problema e trazer à tona, tornando muito mais fácil utilizar qualquer outro tipo de técnica que não seja transpessoal, não se utilizando do princípio do prazer, buscar o prazer e fugir da dor, preferindo utilizar uma técnica que o paciente vai sentir até dor no momento, mas que depois vai ter resultado.

A Psicologia Transpessoal no nosso mundo material não é tão utilizada por falta de informação. A Psicologia Transpessoal para o terceiro mundo é como o caviar, ela é muito cara e ainda muito distante da realidade das pessoas, sendo muito valorizada apenas nos países de primeiro mundo. Os seus resultados são uns tanto lentos em função do bloqueio químico da matéria ou mesmo da mente, pois é preciso acreditar em si mesmo e nos métodos terapêuticos. Portanto quem desenvolveu a Psicologia Transpessoal no plano terreno não a utilizou tanto e não foi aberto ainda o leque da forma que deveria ser aberto, portanto ela não está escancarada como as outras Psicologias, até porque as pessoas não procuram tanto a Psicologia Transpessoal porque os resultados não são imediatos como um produto químico alopático, mas essa mexe com o psiquismo, com a realidade do ser e as pessoas têm medo da loucura e de se conhecer. Por isso, as pessoas preferem fugir da dor e ir ao encontro do prazer, segundo Freud.

Já a Psicologia Behaviorista ou comportamentalista foi a que mais contribuiu para o fechamento do ser, concebendo o homem como um mero produto do meio.

O primeiro precursor e fundador da Psicologia Transpessoal a nível universal foi o criador do universo, Deus, essa dimensão maior onipotente.

No nosso pequeno mundo material, o primeiro precursor foi **Carl Gustav Jung,** que veio desvendar e trabalhar a Psicologia Transpessoal no século passado, vindo juntamente de Freud, sendo que este veio desvendar o comportamento humano a partir do inconsciente pela Psicanálise. Os dois vieram para trabalhar a dimensão psicológica, sendo que este veio para trabalhar a dimensão orgânica; e Jung veio para dar o primeiro sopro que seria uma demonstração de que o ser não seria uma máquina, um robô, só orgânico do ponto de vista de Freud, mas que o ser tem alma, espírito. Jung mostrou isso porque naquela época o ser não tinha estrutura para ouvir, mais do que Jung disse naturalmente e posteriormente vieram outros precursores.

Existe uma diferença entre a Psicologia Transpessoal, entre o plano terreno e o plano extrafísico, em função de quele estar preso à limitação material. Por exemplo: se aplicarmos Reiki na limitação e o paciente não seguir todos os preâmbitos ditos ou recomendados pelo psicoterapeuta, não terá efeito para o paciente, mas se este "morrer" ou desencarnar e chegar num hospital na erraticidade e o terapeuta aplicar o Reiki ou imposição das mãos, três dias depois o paciente estará restabelecido. Isso ocorre porque a potencialidade de uma energia de uma dimensão para outra é diferente. A Psicologia Transpessoal num plano extrafísico trabalha diretamente no perispírito do indivíduo. Já na limitação, trabalha em cima de um corpo orgânico perecível, o que tem muita diferença de um plano para o outro.

As pessoas quando desencarnam ou "morrem" e chegam moribundas no plano espiritual não têm palavras e ficam quietinhas, colaborando com o tratamento, enquanto que no plano terreno se pede e recomenda para o paciente fazer uma coisa e o paciente faz outra, demonstrando que na limitação não possui fundamentação da Psicologia Transpessoal. O que revela, entretanto, que o maior obstáculo da Psicologia Transpessoal na limitação é justamente a falta de estruturação, isso porque não se usa a consciência. O cérebro tem condições de funcionar 100%, mas o ser não usa 10% do potencial latente, tendo até gente que não usa 1%.

Uma das maiores dificuldades para utilização da Psicologia Transpessoal na limitação são as religiões, a alienação e a loucura.

Baseada nos princípios espirituais, a Psicologia Transpessoal retirou princípios da yoga, do budismo, da umbanda, enfim, da sabedoria oriental e, juntou tudo e transformou na Psicologia Transpessoal. Já na dimensão extrafísica, a psicologia se apresenta um tanto diferente, essa baseia-se nos princípios dos vórtices fluídicos da energia universal pura. O ser puro é um indivíduo que não tem acesso ainda à dimensão orgânica, ele se encontra latente, não tem cor, cheiro, ele é insípido, não tem sabor, ele é uma energia. Pra ser lapidada essa energia é transformada em várias dimensões e daí a transpessoal parte desses princípios do plano espiritual, utilizando essa energia virgem e transforma nos vórtices fluídicos para serem aplicados na desestruturação do ser.

Então esse material é aplicado nos dispositivos que estão aderidos ao corpo orgânico e no perispírito ele é colocado dentro do corpo orgânico, só que o indivíduo não utiliza Psicologia Transpessoal, por exemplo, se você disser para um indivíduo tomar um banho de 30 minutos, ele não quer tomar. Sabemos que quando você usa as técnicas transpessoais, o corpo já tem a parte de imunização a partir desses dispositivos e, ao usá-los, isso vem à tona, porque está gravado nesses dispositivos.

Então a Psicologia Transpessoal trabalha com esses dispositivos, com esse material que é imune e foi colocado nos dispositivos na hora da criação do ser, ficando aderido ao corpo. Quando você usa uma técnica qualquer, que seja um banho, um passe, você utiliza o acreditar porque não adianta aplicar o Reiki e o indivíduo ficar estático, duro, então assim não vai dar certo devido ao bloqueio da mente. Então a Psicologia Transpessoal é mais que uma técnica, ela é energia universal, é a técnica principal utilizada e feita na hora da criação do ser, do espírito.

Na criação da alma é colocado lá um dispositivo com esse material fluídico. No plano material, os psicólogos não têm esse conhecimento, eles se baseiam nas técnicas: da umbanda, da ioga, do budismo.

No plano espiritual a aplicação das técnicas transpessoais se dá para fazer a neutralização de energia, aí vai vir à tona todo material que foi colocado nesses dispositivos que são indestrutíveis, por mais que você drogue eles continuam, não se destroem. São dispositivos pequeninos que são colocados nos chakras, na base. São 2 mil dispositivos que ficam dentro do corpo, agem como um bipe, quando estimulados e ativados para imunizar o corpo. Porém faz-se necessário utilizar a técnica direito para funcionar.

No tratamento transpessoal é necessário, para que se obtenha êxito, o indivíduo seguir normas desse tratamento, é preciso acreditar no tratamento. A fé que se deve ter no tratamento transpessoal é a fé em si mesmo, em Deus, o agente universal, temos que acreditar na força que nós temos. Como, por exemplo, quando eu sinto dor numa determinada articulação e aplico uma compressa com água, eu tenho que acreditar na minha força, no meu poder e no poder divino, devo acreditar que eu posso. E se eu acredito nisso, eu vou abrir os dispositivos que já tenho e que infelizmente a ciência ainda não descobriu.

Acredito que a ciência só vai descobrir isso quando ela parar de se confrontar com Deus, quando ela tiver humildade ao ponto de reconhecer que eu sou criado e Deus é o criador e eu nunca vou conseguir produzir mais do que Deus. Somente quando os cientistas perceberem isso vão conseguir mergulhar na alma do ser. Deus não abrirá as portas para os cientistas sem encontrar sentido, e por que não o faz? Porque sabe que eles irão tomar de conta e fazer tudo errado. Somente quando o ser humano for menos egoísta terá o poder de mergulhar na alma do homem e saber plenamente como se processa o desenvolvimento do ser, e isso pode servir de objeto de divulgação, podendo ser provado, tudo isso daqui a milhares de anos, tudo isso você poderá até discordar, não acreditar hoje, mas no futuro irão dizer ele estava certo.

O primeiro procedimento utilizado quando o indivíduo chega à crosta é a neutralização energética, para destruir as radiações. Faz-se a abertura dos dispositivos e a aplicação do Reiki o tempo todo, transforma-se as energias em vórtices fluídicos.

Na limitação material as técnicas são interligadas: meditação, regressão que é feita automaticamente quando o indivíduo está morrendo, em que em um minuto volta toda a vida do indivíduo, deve ser feita cientificamente e não como religião. Já na hipnose o processo ocorre de dentro para fora, o sentido contrário que Freud usou. Relaxamento, banhos terapêuticos, respiração que vem da ioga, visualização, caminhada, meditação da rosa. O despetalar da rosa é uma técnica específica do plano terreno, homeopatia, fitoterapia, entre outras.

A Psicologia Transpessoal não pode em hipótese nenhuma ser utilizada como religião, ela foi tirada do plano terreno de algumas bases religiosas.

Do ponto de vista espiritual, a Psicologia Transpessoal é vista como religião pelos limitados, porque um ser que é verdadeiramente espírita e estudou a espiritualidade como um todo não vai ver o ser e a dimensão espiritual como religião porque a dimensão espiritual deve ser vista como ciência. Quando se estuda os vórtices fluídicos, podemos perceber que é pura química extrafísica e não tem nada a ver com religião. Se você vai passar uma determinada base de energia (Reiki), essa energia é constituída do corpo fluídico do perispírito. O ectoplasma é transmitido do perispírito para o espírito e do espírito para o corpo, o caminho é esse.

O ectoplasma são vórtices fluídicos adquiridos do meio universal, do sistema orgânico que reproduzido passa pelo cérebro, pelo perispírito e vai para o corpo e do corpo ele é solto para o universo. Nós vivemos num meio de uma camada básica de ectoplasma e é por isso que existem espíritos perambulando, é justamente porque tem ectoplasma se não tivesse as químicas terrenas não existiria integração entre os dois mundos, e é justamente o ectoplasma que possibilita a integração entre os dois mundos. Quando falo de espiritismo estou falando de ciência, de Filosofia e não de religião, embora algumas técnicas retiradas da religião não o façam caracterizar.

A Psicologia Transpessoal é uma ciência e a Filosofia é espiritismo, e este é Filosofia e ciência. O miolo da Psicologia Transpessoal é a ciência e é como outra qualquer, só que a ciência dos últimos tempos no plano terreno é a ciência dos primeiros tempos, ou seja, é a primeira ciência fundamentada. Todas as outras ciências vieram da Psicologia Transpessoal, que veio com a criação da alma.

Quando foi criada a alma, já foi utilizado da Psicologia Transpessoal, para a fabricação dos primeiros dispositivos de conotação e para fazer os chakras, porque o indivíduo, para ser energia, deveria ser eterno e não iria precisar, mas quando foi discutido que ele teria um corpo perispiritual,

PSICOLOGIA TRANSPESSOAL: VISÃO METAFÍSICA

porque só como dimensão de alma ele não ficava, então foi feito os chakras que, para fazê-los, teria que ter fundamentação na Psicologia Transpessoal.

O fundamento maior da Psicologia Transpessoal é a dimensão energética, que é a energia latente utilizada dos princípios ativos, das profundidades do ser universal, Deus. E se é fornecido por lá, é trazido para colocar na fabricação da interligação dos dispositivos. Então a Psicologia Transpessoal é fundamentada nessa energia e quando chega ao final vai ser o ectoplasma que ela vai fundamentar.

A Psicologia Transpessoal surgiu juntamente à Filosofia, mas a primeira ciência a ser fundada foi a Psicologia Transpessoal. Essa Psicologia possui várias leis. A primeira lei é a lei de causa e efeito, a segunda é a lei do retorno ou lei da reencarnação. O ser não deve se autodestruir, degenerar, porque caso ocorra, ele vai ter que voltar.

A Psicologia Transpessoal pode proporcionar todo tipo de tratamento para o ser humano, o ser humano é que não vai atrás ou não acredita muito no tratamento transpessoal.

O primeiro tratamento que o ser humano pode fazer, utilizando-se da transpessoal, é fazer uma limpeza do inconsciente e tornar consciente, ou seja, uma viagem de interiorização que procura aceitar-se dentro dos princípios interiores. Pena que ele não faz muito isso, pois prefere buscar fora de si.

Portanto a Psicologia Transpessoal trabalha a planificação da consciência e você deve deixar de ser inconsciente para ser um ser consciente e, para tanto, você deve parar de fugir da dor em busca do prazer, tendo consciência que você está vivendo numa dimensão e que você precisa passar por aqueles fatores para chegar ao final do caminho. A Psicologia Transpessoal ensina você a caminhar e passar por cima dos obstáculos, sem precisar estar caindo os pedaços, e sim, de forma inteira, de modo que você tenha consciência do que está fazendo. Pena que o ser humano não utiliza muito da consciência, então a Psicologia Transpessoal tem que trabalhar a consciência, e só a partir dela você conseguirá realizar tudo o que você almejar, o que torna difícil, porque, via de regra, o inconsciente acaba tomando conta de você.

Quanto ao tratamento proporcionado pela Psicologia Transpessoal, deve-se buscar as causas, ou seja, descobrir os fatores etiológicos para depois fazer o tratamento, procurar curar a partir dos métodos naturais. Deve-se fazer uma viagem ao inconsciente a partir do relaxamento, da meditação, da ioga, da hipnose, da regressão, das atividades físicas (caminhada) etc.

A transpessoal trabalha com essas técnicas mais invasivas para fazer uma eliminação do inconsciente, isso porque as patologias estão gravadas no inconsciente, daí ficamos a esperar que as pessoas façam por nós, e vem à tona mais cedo ou mais tarde, mas nós não temos coragem de fazer uma malhação, caminhada, enfim, viver uma vida saudável, ler um livro, sem necessitar de se refugiar nas drogas, bebidas alcoólicas etc. Não esquecendo que vai ter um momento em que o inconsciente irá jorrar o passado e o indivíduo não terá mais controle. Esse se torna um ser obsidiado e mais além dos princípios ativos, que são os espíritos que desencarnaram, eles estão ali e eles fazem uma conexão a partir dos cordões fluídicos, e danificam o cérebro causando as doenças, sem se falar dos desregramentos que existem nos seres humanos, que esses espíritos conseguem a partir de uma transfusão de energética e ludibriam o inconsciente do indivíduo.

Então o que vai acontecer? O indivíduo precisa fazer uma viagem interior, a partir dessas técnicas citadas. Não adianta somente utilizar essas técnicas, além de utilizá-las é preciso esforço, acreditar em si mesmo e não esperar só pelos outros, porque assim não vai conseguir.

A transpessoal está mais preocupada com a prevenção do que com a doença, com a cura, como já foi dito, ela faz parte da lei de causa-efeito, pois se o indivíduo procurar ter uma vida saudável e não machucar o seu corpo, ele não vai ser um indivíduo tão doente. Então seria importante que ele procurasse ser mais saudável, que não destruísse a vida de ninguém, que ele não se autodestruísse, porque quando ele se autodestrói desencadeia milhares de doenças. A transpessoal vai neutralizar essas doenças, o que mais dificulta é o não acreditar na neutralização.

Dizem que o Reiki cura até C.A (câncer), vai depender do indivíduo, se ele acredita ou não e se ele está preparado para receber essa energia, pois é energia fluídica. Nessa técnica todo tratamento é espiritual, feito por espíritos, pois o espírito se aproxima e faz uma aplicação reikiana como

PSICOLOGIA TRANSPESSOAL: VISÃO METAFÍSICA

os espíritos desencarnados superiores que trabalham no plano terreno e utilizam material de primeiro mundo material fluídico. Mas se o indivíduo não se esforçar, ele pode aplicar qualquer material por mais potente que seja, não vai servir para nada, é material jogado fora.

Sabemos que os problemas do passado são muito complicados no presente, nós temos que reajustar aquilo que a gente está fazendo. E Transpessoal é muito isso, ela busca o reajustamento do ser humano como um todo, busca trabalhar a presença do consciente e deixar o inconsciente na condição apenas de fornecedor de material para o consciente e não destruidor deste.

Os benefícios da Psicologia Transpessoal estão na prevenção e cura de várias doenças e para essas curas é preciso que o indivíduo faça esforço anterior.

A Psicologia Transpessoal trabalha com yoga, meditação, concentração, leitura, banhos de erva, bucha vegetal, sais, automassagem, biodança, chás, entre outros.

Tudo que faz parte da natureza é transpessoal. No plano terreno, a Psicologia Transpessoal não tem se preocupado em provar nada. Desde os primórdios ela foi muito utilizada pelos curandeiros, pelos nossos avós até bem pouco tempo. Com o advento da ciência e tecnologia, a Psicologia Transpessoal foi passada para trás pelos produtos químicos, as pessoas preferem um antidepressivo a tomar um banho de ervas, um chá, um suco, fazer respiração, enfim, deixam de utilizar métodos naturais, homeopáticos ou fitoterápicos para utilizar de todo um arsenal químico e tóxico para o corpo, a mente e o espírito.

# TEMA 2

# OS CAMPOS DE FORÇA, OS CHAKRAS E AS SUAS CAMADAS ÁURICAS

## 2.1 A ESTRUTURA DO NOSSO CORPO ENERGÉTICO

O nosso corpo físico encontra-se num plano tridimensional, com altura, largura e profundidade, é denso e vibra numa frequência baixa. Os átomos que formam esse corpo vibram e se agitam, num plano em que os agrupamentos moleculares são perceptíveis aos nossos sentidos, pois podemos vê-los por meios de potentes microscópios.

Se aumentarmos a frequência vibratória, esses átomos se tornarão menos densos (ou mais fluídicos), tornando-se fraca a força de coesão entre as moléculas.

Diremos então que esse corpo está mais sutil, colocando-se na mesma dimensão do corpo etérico, em que os nossos sentidos não têm percepção ou alcance.

À medida que torna mais sutil o corpo físico, o plano etéreo torna-se mais rarefeito e suas moléculas se aproximam mais da imateriadade, tornando-se assim o plano mental propriamente dito.

No nosso século, vários cientistas dedicaram seus esforços para decifrar o campo de energia humana. Assim, o Dr. Willam Kilner, em 1911, relatou experiências laboratoriais que verificam que o corpo humano possui camadas energéticas além da pele, formando uma delicada luminosidade, que denominou "aura".

Em 1939, na União Soviética, Sempon Davidoritch Kirliam inventou uma máquina capaz de fotografar um halo energético em torno dos corpos dos seres vivos. É a máquina Kirliam, um gerador de pulsos elétricos de alta tensão com frequência bastante elevada.

O halo energético fotografado pela máquina Kirliam é dinâmico, varia de cor, tamanho, aspecto e forma, consoante à pessoa em questão, que esteja alegre, triste, amorosa, odienta, saudável, doente, cansada, descansada, conflitada, angustiada etc.

A aura é então esse campo eletromagnético que envolve os seres. Cada substância, animada ou inanimada, desde que sua função não tenha se deteriorado, possui uma aura, cuja existência deve-se à força vital inerente aos elementos naturais, constitutivos de sua forma.

Essa forma vital precedente de uma fonte mineral, vegetal, animal ou humana cria um reino, ou plano áurico comum, que é o reservatório de energia pura e livre. Nesse plano, os reinos, mineral e vegetal, atuam constantemente, transferindo, a partir de seus próprios canais de comunicação, sua força vital particular à natureza mais sutil dos animais e seres humanos. Assim, a aura representa a soma total de todas essas possibilidades, apresentando uma imagem completa do ser humano em sua totalidade.

A aura pode ser vista como uma emanação multicor, estratificada e ovulada, que rodeia o ser. Sua aparência, forma e tamanho determinam, entre outras coisas, o estado de saúde do indivíduo.

A natureza do campo de energia magnética que envolve os objetos materiais possui quatro características fundamentais: atração unissonânsica, repulsão e ativação. Essas características naturais permitem interpretar a aura com diversas finalidades, essencialmente para a diagnose.

O campo de energia magnética pode ser usado na psicologia para avaliar e confirmar certas informações relativas as emoções, formas de pensamentos e acontecimentos.

Nos seres humanos, os campos de energia magnética interagem e ressoam em diversos corpos (ou planos áuricos) que estão relacionados com os chakras, meridianos, glândulas e órgãos.

O campo áurico tem sua anatomia dividida em sete camadas diferentes umas das outras, com associação aos chakras. A primeira camada associa-se ao primeiro chakra, a segunda, ao segundo chakra, e assim por diante.

## 2.2 OS CAMPOS ÁURICOS, CAMADAS OU CORPOS

Os planos ou corpos áuricos e suas funções têm suas três camadas áuricas inferiores associadas ao mundo físico, a corpos etéreos, emocional e mental. A quarta camada (corpo astral) é uma energia de transformação e os três corpos superiores (etéreo padrão, celestial e causal) estão numa faixa de frequência superior à física.

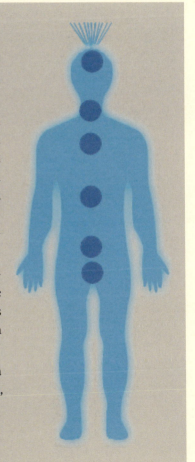

A palavra "etérico" vem da palavra éter (estado intermediário entre a energia e a matéria).

A primeira camada áurica está ligada ao chakra da coroa, o primeiro que está interligado ao funcionamento físico e à sensação física (dor ou prazer) e a o sistema nervoso autônomo. É uma estrutura definida da linha de força ou matriz energética, sob a qual se modela e firma a matéria física dos tecidos do corpo.

A estrutura do corpo etérico é semelhante a uma tela e está em constante movimento. Contém a energia dos órgãos e se expande ou se retrai de acordo com seu funcionamento.

O corpo etérico estende-se de 6 mm a 50mm além do corpo físico e sua cor varia, indo do branco ao cinza.

FIGURA1: CAMADA ETÉRICA OU CORPO ETÉRICO

O corpo emocional é a segunda camada áurica e está associado à vida emocional e aos sentimentos é uma enegia mais fluídica que o corpo etérico. É constituído de nuvens coloridas de subtância fina em contínuo movimento. Suas cores vão dos matizes claros e brilhantes aos escuros e turvos, dependendo da clareza ou confusão dos sentimentos da pessoa.

Este corpo é multicor e contém todas as cores do arco-íris (se estiver funcionando tudo bem), devido às cores dos chakras. Esta camada se distancia de 25 a 75 cm do corpo físico.

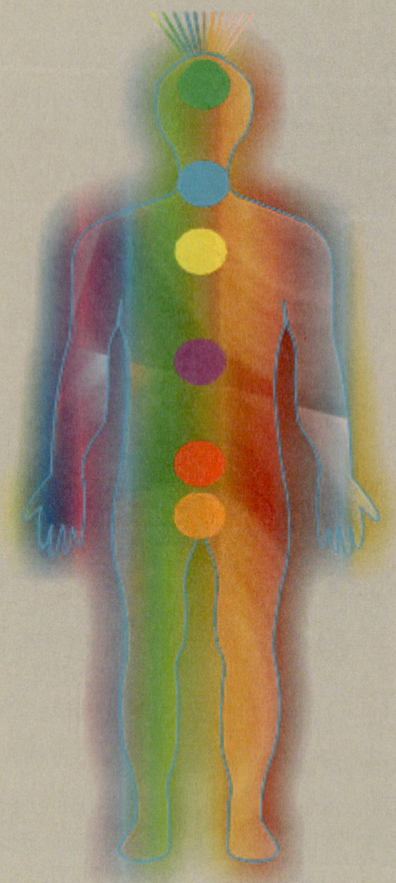

FIGURA 2: CORPO EMOCIONAL

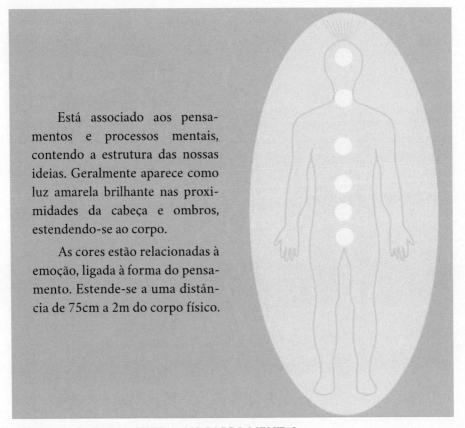

Está associado aos pensamentos e processos mentais, contendo a estrutura das nossas ideias. Geralmente aparece como luz amarela brilhante nas proximidades da cabeça e ombros, estendendo-se ao corpo.

As cores estão relacionadas à emoção, ligada à forma do pensamento. Estende-se a uma distância de 75cm a 2m do corpo físico.

FIGURA 3: CAMADA MENTAL OU CORPO MENTAL

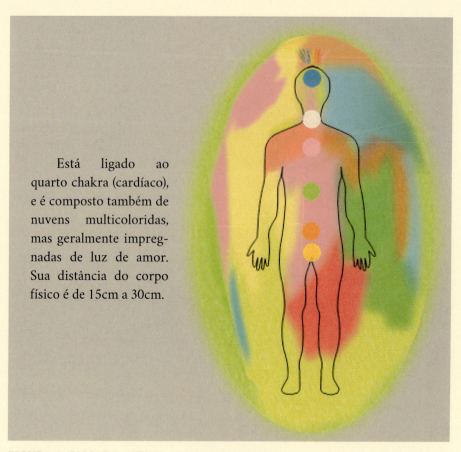

Está ligado ao quarto chakra (cardíaco), e é composto também de nuvens multicoloridas, mas geralmente impregnadas de luz de amor. Sua distância do corpo físico é de 15cm a 30cm.

FIGURA 4: CAMADA ASTRAL OU CORPO ASTRAL

É a quinta camada e está associada a uma vontade mais alta, mais ligada à vontade divina. Acompanha a forma padrão dos corpos físico e etérico.

É composto de linhas transparentes sobre um fundo azul escuro e espaço sólido. Está a cerca de 75cm fora do corpo físico.

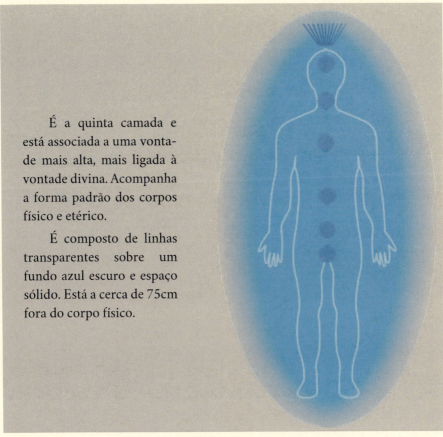

FIGURA 5: CAMADA ETÉRICA OU CORPO ETÉRICO PADRÃO

Está vinculado ao amor celestial, um amor que se estende além do âmbito humano e abrange toda a vida, considerando todas as formas de vida como preciosas manifestações divinas.

É neste nível que experimentamos a extase espiritual, o que pode ser alcançado por meio de meditação e outras formas de expansão da consciência.

FIGURA 6: CAMADA CELESTIAL OU CORPO ESPIRITUAL

Está vinculado ao sétimo chakra, à mente mais elevada, ao saber. É a integração da nossa constituição espiritual e física. Sua forma externa envolve o corpo da aura em estilo oval e contém todos os corpos áuricos associadas à encarnarção do indivíduo, contendo também informações de vidas passadas.

Este corpo é também um padrão altamente estruturado. É composto de raios dourados e prateado, contendo uma estrutura grande de integração do corpo físico e todos os chakras.

Estende-se a aproximadamente 95cm ao 1m do corpo físico.

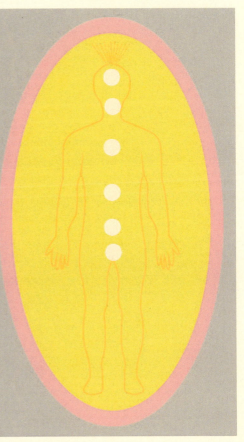

FIGURA 7: CORPO ÁURICO (OU KETÉRICO PADRÃO)

## 2.3 OS Chakras

Os chakras são centros de força, como se fossem "turbilhões ou vórtices" que captam energia por sucção e exalam por exaustão, regulando o metabolismo energético de organismo, mantendo assim o corpo físico em equilíbrio energético.

Cada um desses "vórtices" troca energia com o cosmos e na absorção de energia universal decompõe-se em partes, mandando-as então para canais energéticos chamados "nadir", que vão para o sistema nervoso, glândulas endócrinas e depois para o sangue, para alimentar o corpo.

Cada chakra é eletroquimicamente um ponto coletor de uma determinada área de conflito e desenvolvimento, atuando como tradutor ou longo dos principais circuitos elétricos do corpo, registrando cada operação eletromagnética.

Existem sete chakras principais, que se encontram ao longo de um eixo vertical. Estão num permanente movimento circulatório, daí a denominação "chakra", que em sânscrito significa "roda". O movimento circular dessas rodas faz com que a energia seja atraída para dentro do chakra e, quando a rotação é ao contrário, a energia é irradiada.

Os chakras na maioria das pessoas têm uma extensão média de 10 cm e nas pessoas mais desenvolvidas espiritualmente ocupam uma área maior, aumentando a frequência de suas vibrações.

Em cada centro de energia dos chakras encontram-se vibrações de todas as cores, porém apenas uma delas predomina, tornando-se mais clara e brilhante, com a boa utilização da energia.

O tamanho e número de vibrações dos chakras determinam a qualidade das energias por eles absorvidas das mais variadas fontes – energia do cosmo, da natureza, das pessoas e do ambiente à sua volta.

## 2.4 FUNÇÕES DOS SETE CHAKRAS

O chakra de base localiza-se na base da coluna vertebral, na cintura pélvica. Quando ativo, tem cor vermelho fogo, seu elemento correspondente é a terra e seu som correspondente é **Lan**.

Seus centros físicos correspondem às glândulas suprarrenais, que produzem a adrenalina, tendo a função de prover a circulação, equilibrar temperatura do corpo, preparando-o para a reação imediata.

É o centro psicológico para a evolução da identidade, sobre vivência, autonomia, autoestima, realização e conhecimento, um centro acumulador da impressão, memória, conflitos e atitudes geradas pelos nossos esforços para conseguir individualidade.

O desequilíbrio do chakra da base produz fisicamente anemia, leucemia, deficiência de ferro, problemas de circulação, pressão baixa, pouca tonicidade muscular, fadiga, insuficiência renal, excesso de peso etc.

## UMBIGO

Esse chakra localiza-se na região do umbigo. Quando está ativo, tem a cor laranja, seu elemento é a água e seu som correspondente é **vam**. Seu centro físico corresponde às glândulas sexuais, ovários, próstata, testículos. A função dessas glândulas é o desenvolvimento das características sexuais masculinas e femininas e regulam o ciclo menstrual.

É o centro psicológico para a evolução do desejo pessoal e força emotiva, vontade de ter, amar, pertencer, estabilizar (material e emocionalmente), necessidade de afeto e segurança.

Acumula padrões negativos gerados em nossos esforços para estabelecer um sistema de apoio para viver e amar.

## PLEXO SOLAR

O chakra do plexo solar está localizado na região do diafragma, um pouco acima do estômago. Quando ativo tem a cor amarela, seu elemento é o fogo e seu som é **Ram.**

Seu centro físico corresponde ao pâncreas, cuja função é a transformação e digestão dos alimentos; produz o hormônio insulina, que equilibra o açúcar no sangue e transforma os hidratos de carbono. As enzimas isoladas pelo pâncreas são importantes para a assimilação de gorduras e proteínas.

É o centro psicológico para a evolução da mente pessoal, vontade de saber, aprender, comunicar, participar. Acumula padrões negativos gerados em nossos esforços de desenvolver a inteligência, expressão de ideia, pensamentos e sonhos.

Quando em desequilíbrio, produz patologias, tais como: diabetes, desordens no trato digestivo, alergias, sinusite e insônia.

No plexo solar próximo ao chakra, encontram-se todos os dispositivos de conexão com a alma.

## CARDÍACO

Localiza-se na posição superior do peito. Quando ativo tem a cor verde, seu elemento é o ar e seu som é **Yam**.

Seu centro físico corresponde ao timo, cuja função é regular o crescimento, dirigir o sistema linfático, estimular e fortalecer o sistema imunológico.

É o centro psicológico para a evolução do idealismo, capacidade de amor, ter visão real do mundo, conceituar-se. Constitui um ponto de transferência das energias dos chakras inferiores e superiores.

Quando desequilibrado produz palpitação, arritmia cardíaca, rubor, ataque de pânico, pressão alta, intoxicação, problema no nível de colesterol e acidose.

### Chakra LARÍNGEO

Está localizado no centro da garganta, próximo à região designada "pomo de Adão". Quando está ativo, tem a cor azul claro, seu elemento correspondente é o Éter e seu som é o **Ham**.

Seu centro físico corresponde à tireoide, que desempenha um papel importante no crescimento do esqueleto e dos órgãos internos, cuidando tanto do crescimento físico quanto do mental, regulando o metabolismo. Regula o iodo e o cálcio do sangue e dos tecidos e o centro psicológico.

Quando em desequilíbrio, produz resfriados, suscetibilidade a infecções virais ou bacterianas, herpes, dores musculares, cefaleia, congestão linfática, endurecimento do maxilar e problemas dentários.

### Chakra FRONTAL (Testa)

Localizado no meio da testa, quando está ativado, tem a cor azul escuro.

Índigo, não tem elemento correspondente no mundo físico e seu som é OM.

Seu centro físico correspondente é a Pituitária/ Hipófise, que dirige a função das demais glândulas.

É o centro psicológico para a evolução do desejo de liderança, integração ao grupo, desejo de poder e controle. Estabelece a ligação entre o corpo inconsciente e o físico (mental).

Quando desequilibrado, produz vícios de drogas, álcool, compulsões, problemas nos olhos (cegueira, catarata) e surdez.

### Chakra CORONÁRIO

Situa-se no topo da cabeça. Quando ativo, tem a cor violeta (com matizes brancos) e não tem som correspondente no mundo físico. Por estar exatamente na condição de igual ao universo de Deus. É feito de puro silêncio da formação dos mundos.

Seu centro corresponde à glândula PINEAL, que atua no organismo como um todo. Na sua falha, ocorre uma puberdade tardia.

É o centro psicológico para a evolução da capacidade intuitiva, experiência espiritual, sentido de unificação, senso divino. É uma ponta de ligação entre o inconsciente coletivo e o nosso inconsciente individual, possibilitando adentrar no registro coletivo (AKÁSHICO) e libertar-se da necessidade de controle.

Quando desequilibrado, produz patologias como desordem no sistema nervoso, insônia, enxaqueca, histeria, disfunções sensoriais, obsessão, possessão e subjugação.

# MÓDULO II
# A CONSCIÊNCIA

# TEMA 3

# CONSCIÊNCIA

A consciência é a instância do nosso aparelho psíquico que está plenamente relacionada com a limitação do tempo e do espaço. A concepção da Psicologia Transpessoal caracteriza a consciência de forma transumana, cósmica e integrada à energia universal.

Sabemos que a consciência mediata delimita a realidade apreendendo e utilizando-se da memória para fixação, sendo plausível de esquecimento ou alteração. O que revela deficiência é a dificuldade de percepção e assimilação, fruto dos condicionamentos e da alienação.

O limite do cognoscível e do incognoscível, do visível e do invisível é estabelecido pela fronteira da consciência. Pergunta-se: "qual o limiar da consciência e por que não a exploramos na sua plenitude?" Percebo que existe na consciência de todo ser um limite a ser explorado ou desenvolvido. Apesar de um grande porcentual de seres humanos não conseguir atingir um estágio satisfatório de percepção de conscientização, mostrando-se, portanto, uma consciência obnubilada. Tenho dito que todos estamos na mesma escada, porém ocupamos degraus diferentes, que seriam os estágios evolutivos.

Desconfio que exista certo grau de anestesiamento mental no ser humano e que este não se encontra em condições psíquicas e morais para efetivamente assumir sua existencialidade com a consciência límpida e funcionalmente plena.

Poucas personalidades na história da humanidade conseguiram atingir um nível superior de consciência, uma consciência superior, transcendental. Podemos citar algumas personalidades de consciência iluminada: Sócrates, Buda, Platão, Aristóteles, Confúcio, Heráclito, Jesus Cristo, Gandhi etc.

A Psicologia Humanista representada por Abrahan Maslow, Carl Rogers, F. Pearls e o psicólogo suíço Carl Gustav Jung vislumbrara um nível superior de consciência que abre portas para a autorrealização, o autoconhecimento, a individuação e a transcendência do ser, por entender que a consciência maior está acima do paradigma do tempo e do espaço.

Devemos observar para perceber a dimensão que transcende o limite material, pois aí encontraremos um mundo de possibilidades. Tenho observado que a consciência está relacionada a fatores éticos e morais quando, por exemplo, analiso atitudes de pessoas que têm conhecimentos, porém, mostram-se com certo grau de desprovimento de compromisso racional e moral em todos os ramos do conhecimento (religioso, político, econômico e social).

A título de exemplo, o político sabe que não tem condições de cumprir a todas as promessas de campanha, percebendo até as suas intenções perversas ou as atitudes corruptas, no entanto transgride os princípios e as normas com o intuito apenas de satisfazer o seu ego. Já no campo religioso, o eclesiástico sabe que o ritual não remove as ações malévolas, porém prefere a fantasia à realidade.

Ter consciência de si, do outro e agir de forma responsável em relação à natureza no sentido da prevenção e da preservação é contribuir para o engrandecimento e o aprimoramento da vida. Sabemos que tudo o que fizermos repercutirá e refletirá em nós mesmos. A lei de causa e efeito é universal. Sejamos, portanto, mais realistas. Precisamos usar a nossa consciência para nos sobressair, aceitando a nossa condição de viajante e evitando ficar escondidos atrás das máscaras e do mundo da fantasia. Mas será que possuímos estrutura para ter conhecimento do nosso passado, da nossa existencialidade? Os psicólogos fenomenologistas asseveram que o passado nos condena e que o tempo é o presente.

Somos seres de possibilidades, utilizamos o nosso potencial interior para ser mais cautelosos com os nossos atos, abrir a nossa mente e deixar entrar a luz da consciência para refletir o saber e, com esse facho luminoso, clarear as trevas da ignorância, acendendo, como disse Jung, "uma luz na escuridão do ser", tendo em vista um novo ser com a consciência superior integrada às energias universais.

O caminho da preservação da vida é, sobretudo, um problema de consciência. E a consciência é um fenômeno que se processa no interior do homem. O objeto de estudo da Psicologia Transpessoal é a consciência humana, sendo essa um fio condutor sem começo nem fim que nos guiará de forma segura a partir do labirinto em que nos encontramos.

A Psicologia Transpessoal introduziu a consciência como princípio fundamental, uma vez que a compreensão a partir da "razão" não é mais suficiente para dar suporte ao novo paradigma emergente.

Os estados alterados da consciência gravitavam em torno dos fenômenos da hipnose, da percepção extrassensorial, psicopatologias, curas, intuição etc.

Os estudos da Física, Neurologia, Psicofisiologia, Parapsicologia e Biologia molecular oferecem novas e mais amplas possibilidades para pesquisa da consciência.

Para Pierre Weil, a Psicologia Transpessoal tem por finalidade o estudo dos vários estados de consciência pelos quais passa o homem, assim como das suas relações com a moralidade, com o comportamento e com os valores humanos. O desenvolvimento desses mitos se processa a partir de uma abordagem multidisciplinar. Os estudos da neurociência indicam uma estreita relação entre o funcionamento do cérebro e as atividades da consciência.

O cérebro é um holograma que interpreta um universo. Os estilos de consciência parecem estar ligados aos hemisférios cerebrais. O hemisfério esquerdo está relacionado às funções verbais e matemáticas e seu modo de operar é linear, analítico, lógico e racional.

Já o hemisfério direito está relacionado à orientação espacial, à percepção ou à criação estética, à autoimagem, e é emocional, intuitivo, holístico e místico.

Constatamos todo esse misticismo a partir dos sistemas esotéricos do budismo, da Yoga, do sofismo, enfim, dos estados alterados da consciência (meditação, hipnose, sonhos, técnicas psicológicas).

O cérebro toma conhecimento simultaneamente das percepções normais, das experiências transcendentais e dos eventos paranormais, demonstrando que são parte da natureza humana, eliminado o caráter sobrenatural atribuído aos fatos transpessoais.

Para o paradigma clássico o conflito entre ciência e religião era inevitável. Os fenômenos subjetivos e os transcendentais eram vistos como ausência de maturidade intelectual, superstição ou, ainda, como psicopatológicos (GROF, 1983).

Na Física neognóstica de Charon, o que chamamos espírito é indissociável de todos os fenômenos que vemos no universo, sejam físicos, sejam psíquicos.

Para Frijjof Capra, a ciência não necessita do misticismo e este não precisa da ciência, entretanto o homem necessita de ambos ("O tao da física", p. 69).

A abordagem transpessoal tem por objetivo reunir a antiga sabedoria oriental e ocidental.

## 3.1 DESENVOLVIMENTO DA CONSCIÊNCIA

Nada caracteriza melhor o ser humano do que a consciência, isto é, o desenvolvimento dessa atividade mental que nos permite estar no mundo com algum saber ou "com – ciência". A biologia classifica o homem atual como *"sapiens sapiens"*: o ser "sabe que sabe".

As dimensões complementares no processo de conscientização são a consciência de si e a consciência do outro.

A concentração da consciência nos estados interiores do sujeito exige reflexão, que se manifesta a partir do processo de falar, criar, afirmar, propor e inovar.

Na consciência do outro, a concentração consciente nos objetos exteriores exige atenção a partir da dimensão da alteridade que se manifesta por meio do processo de aceitação, observação, reformulação, revisão e renovação.

O despertar da consciência crítica (ou senso crítico) depende do harmonioso crescimento dessas duas dimensões da consciência: a reflexão sobre si e a atenção sobre o mundo.

W. Goethe (1749-1832) dizia que o homem só conhece o mundo dentro de si se tomar consciência de si mesmo dentro do mundo.

É um processo dialético, que se move do eu ao mundo e do mundo ao eu. Do fazer ao saber e do saber ao refazer.

O principal veículo do processo de conscientização é o pensamento. Para Freud, a consciência é a menor parte e a mais fraca da nossa vida psíquica. Ele asseverava que o eu não é senhor na sua própria casa. O ego (o eu) é consciente e corresponde a uma pequena parte da vida psíquica submetida aos desejos do id e à repressão do superego. Obedece, portanto, ao princípio da realidade.

O ego, diz Freud, é "um pobre coitado", sujeito aos perigos do mundo exterior. Por esse motivo, a forma fundamental da existência para o ego é a angústia. Se se submete ao id, torna-se imoral e destrutível; se se submeter ao superego, enlouquece de desespero, pois viverá numa insatisfação insuportável; se não se submeter à realidade do mundo, será destruído por ele. Cabe ao ego encontrar caminho para a angústia existencial. Ao ego (eu), ou seja, à consciência, é dada uma função dupla: ao mesmo tempo recalcar o id, satisfazendo o superego e, satisfazendo o superego, conseguir satisfazer o id, limitando o poderio do superego. A vida consciente normal é o equilíbrio encontrado pela consciência para realizar sua dupla função.

A consciência é frágil, mas é ela que decide e aceita o risco da angústia e o risco de desvendar e decifrar o inconsciente. Aceita e decide enfrentar a angústia para chegar ao conhecimento, já que somos um caniço pensante.

## 3.2 ESTRUTURA HOLÍSTICA DA CONSCIÊNCIA

O conhecimento místico na Filosofia hindu defende que a totalidade da vida psíquica pode ser entendida como uma estrutura dinâmica formada de vários níveis, os quais se manifestam partindo de um único centro de irradiação, o SELF. Em cada um desses níveis são percebidos aspectos da realidade correspondentes ao estado de consciência, a partir dos quais a atenção do individuo se mantém ativa (RAMACHÁRACA, 1983).

Podemos subentender que a consciência do eu pode mudar de estado por meio da auto ou de eteroindução, quando a atenção se desloca de um determinado nível de consciência para outro. O estado de consciência "ordinário" ou de vigília serve de referência para se determinar os estados de consciência tidos como alterados que vão da percepção dual – eu/mundo, do nível pessoal à percepção una e plena da realidade denominada de nirvana, êxtase, estado de iluminação, consciência cósmica, satori, iluminado ou compreensão, experiência transpessoal ou nível transpessoal etc.

As experiências transpessoais representam níveis *sui generis* originados em níveis profundos do inconsciente.

Vários estudiosos apresentaram nas suas teorias diversos níveis de consciência, mas a psicologia analítica de Jung, a partir dos conceitos de inconsciente coletivo e de arquétipos, é indispensável para a compreensão transpessoal da consciência humana

### 3.2.1 Consciência Mística.

A hipnose é um dos instrumentos de exploração da consciência. Os psicólogos transpessoais estudam infinitamente a meditação, os exercícios respiratórios da Ioga e outras disciplinas espirituais.

Na Filosofia Iogue, o espírito (curucha) é consciência pura e o espírito inclui consciência dentro e além do universo. A manifestação do espírito no indivíduo é o self. As operações mentais falseiam ou distorcem nossa consciência do self, que é infinito e imutável essencialmente da mesma forma que o espírito (alma ou self).

Os sultras Iogues descrevem espírito como consciência. Portanto o espírito é o estado de consciência mais agradável que se pode imaginar – beatude eterna do qual nunca se pode negligenciar. Deus é a personalidade única (self) intocável ao desejo. Espírito com luz ou amor puro ou consciência cósmica.

Na terminologia yogue, consciência (chitta) abrange todos os processos de pensamento, inclui a consciência de sensação e percepção no sentido do ego, a inteligência intuitiva e discriminativa.

A Ioga é definida como controle das "ondas da consciência". A mente ou consciência do indivíduo reflete o self de modo claro quando está calmo. O controle das ondas de consciência só é possível quando as tendências subconscientes são diminuídas ou eliminadas. Assim, a disciplina da Ioga deve incluir uma reformulação completa da consciência.

A técnica da "autoinquirição" para reaver a identificação com o self é um método de indagação contínuo do "Quem sou eu?". E é também uma forma de busca da fonte da consciência além do corpo, dos pensamentos e das emoções.

Iluminação é um estado de consciência ou realização do self. Ela ocorre quando a mente está totalmente calma e concentrada e começa a refletir as qualidades do self interior e, como o self é infinito, a iluminação inclui inúmeros níveis de consciência do self e do espírito.

Os conteúdos do campo da consciência tornam-se cada vez mais sutis à medida que a meditação se aprofunda. Evoluem desde a consciência de uma representação mental (uma imagem de uma divindade, por exemplo) até a consciência de ideias abstratas (como o amor, a paz profunda).

Estar consciente significa responder a uma situação assim como ela é, não como parece ser, como se deseja que ela seja, ou como se fosse outra situação semelhante.

Se uma gota d'água estivesse ciente de ser parte do oceano, se uma corrente de ar fosse consciente do vento, isso se assemelharia à consciência daqueles que estão alerta.

## 3.3 ATIVIDADE CONSCIENTE

A consciência como atividade inteligente é dinâmica ou estática. A consciência do ponto de vista dinâmico é uma luz projetada sobre os fatos psíquicos. Na realidade, a consciência é um conteúdo e uma atividade ora estática, ora dinâmica. É concebida como a soma das experiências psíquicas imediatas e atuais que em dado momento, a atividade da atenção coordena em nosso eu ou como "a atividade que continuamente assimila ou dissimila dados e elabora conteúdos".

## 3.4 ATRIBUTOS DA CONSCIÊNCIA

- UNIDADE – Conteúdos da consciência que formam um todo unitário, não podendo ser decomposto ou dividido;

- PROSPECTIVIDADE – A atividade da consciência é essencialmente prospectiva. Efetivamente, a vida psíquica não poderá ser realmente explicada se não tiver em conta esse caráter prospectivo da consciência. O estado de permanente mutação que faz da consciência um constante devir tem um sentido, uma direção, não podendo, portanto, ser concebido como um simples "amontoar" de fatos, ao acaso das circunstâncias.

- MUTABILIDADE INCESSANTE – William James considera a atividade da consciência como um fluxo de um rio. Sendo essencialmente uma e contínua, a atividade da consciência é estar em permanente mutação, o que significa que "um estado de consciência, uma vez desaparecido, não pode ser jamais revivido exatamente". Há, sempre, invariavelmente, algo de novo em qualquer estado de consciência.

- SELETIVIDADE – Sendo limitada, a capacidade de conscientização é essencialmente seletiva. Isso se vê claramente no fenômeno da atenção que pode ser considerado como a direção da consciência, como atividade, para determinado objeto.

## 3.5 GRAUS DA CONSCIÊNCIA

Leibniz falava de estados de consciência claros, distintos, confusos e surdos; outros, de consciência mediana, crepuscular e noturna.

**\*Primeiro Grau** – a consciência apenas percebe, sente o estímulo, de uma maneira inteiramente passiva, sem que se estabeleça qualquer relação entre o objeto e o eu, entre o sujeito e o objeto. É a condição necessária que este se encontre atualmente presente. É o grau ínfimo de conscientização.

**\*Segundo Grau** – neste caso a consciência começa a ser ativa. A conscientização passa a processar-se com o seu caráter próprio de integração do objeto no conteúdo da consciência.

**\*Terceiro Grau** – como processo ativo de conhecimento do objeto, nesse estágio a consciência não apenas sente o objeto, mas o percebe.

**\*Quarto Grau** – é o grau de conscientização plena, quando a relação entre o eu e o objeto atinge o máximo de exatidão graças às riquezas dos dados com que se estabelece a relação. Quanto mais se distinguem as relações entre o eu psíquico e o objeto, tanto mais clara se torna a consciência desse objeto.

## 3.6 ALTERAÇÕES DA CONSCIÊNCIA

As alterações da consciência são devidas a perturbações da atividade fisiológica dos hemisférios cerebrais. Segundo a doutrina das atividades nervosas superiores, na base dessas alterações se encontram os processos de inibição de defesa. Nesses casos, a inibição pode compreender a totalidade do córtex cerebral ou atingir grandes áreas dele ou ainda ficar limitada apenas a algumas de suas seções. Eis a razão pela qual, na prática psiquiátrica, se observa uma extraordinária diversidade de alterações da consciência.

Obnubilação da Consciência: trata-se de um desvio mórbido do curso normal dos processos psíquicos.

Na consciência do indivíduo obnubilado não surge nada de novo.

O estudo da consciência mostra como é artificial a fragmentação da atividade psíquica em diferentes partes ou em funções isoladas. Não existem funções intelectuais, afetivas e volitivas independentes no contexto da vida psíquica. A decomposição analítica da consciência em fenômenos particulares é feita apenas por necessidade da exposição, para facilitar o estudo da atividade de nossa mente.

Mogli define a consciência como o complexo de fenômenos psíquicos elementares ou complicados, afetivos e intelectivos, que se apresentam na unidade de tempo e que permitem o conhecimento do próprio eu e do mundo exterior.

Pérez Villamil denomina consciência "a zona clássica de nossa vida psíquica", que se encontra em situação oposta à zona obscura, de dimensões mais amplas, a qual chamamos "inconsciente".

Os processos psicológicos que constituem a base da consciência foram estudados por I. P. Pavlov, que, a esse respeito, diz: "... A consciência representa para mim a atividade nervosa de determinada área dos grandes hemisférios, em dado momento, sob dadas condições, possuindo determinada excitabilidade".

A consciência pode ser encarada sob dois aspectos: o subjetivo e o objetivo. A consciência subjetiva é a propriedade de serem os fenômenos conscientes conhecidos pelo indivíduo. A consciência é objetiva pelo seu conteúdo, que se reflete no plano subjetivo sob a forma de percepções, representações, conceitos etc. O mundo exterior proporciona a todo instante material a nossa consciência. Ao campo da consciência chega também uma série de sensações cenestésicas, que nos orientam sobre nossa própria personalidade.

A consciência pode ser considerada, do ponto de vista psicológico, como um processo de coordenação e de síntese da atividade psíquica. Nesse processo podem se destacar duas orientações diferentes: de um lado, a consciência do eu, como consciência que temos de existirmos como individualidade distinta das demais coisas do mundo, e, do outro lado, a consciência dos objetos. Objeto em psicologia significa tudo o que é apreendido ou se encontra, em dado momento, no campo da consciência, seja uma percepção, uma representação ou um conceito.

No processo do trabalho adquire também consciência de suas próprias relações com o ambiente, com as pessoas que participam com ele do trabalho social.

Mais tarde, principalmente a partir de 1920, Freud retorna ao seu conceito de inconsciente, descrevendo-o dessa forma:

"A divisão do psíquico entre o que é consciente e o que é inconsciente, constitui a premissa fundamental da psicanálise, e somente ela torna possível a essa compreender os processos patológicos da vida mental, que são tão comuns quanto importantes, e encontrar lugar para eles na estrutura da ciência. Em outras palavras: a psicanálise não pode situar a essência do psíquico na consciência, mas é obrigada a encarar essa como uma qualidade do psíquico, que pode achar-se presente em acréscimo a outras qualidades ou estar ausente".

Em seguida afirma: "ser inconsciente é, em primeiro lugar, uma expressão puramente descritiva, que repousa na percepção do caráter mais imediato e certo. A experiência demonstra que um elemento psíquico (uma ideia, por exemplo) não é, via de regra, consciente por um período de tempo prolongado. Pelo contrário, um estado de consciência é, caracteristicamente, muito transitório; uma ideia que é consciente agora não o é mais um momento depois, embora assim possa torna-se novamente, em certas condições facilmente provocadas. No intervalo, a ideia foi... não sabemos o quê. Podemos dizer que esteve *latente* e, por isso, queremos dizer que era capaz de torna-se consciente a qualquer momento".

## 3.7 UMA NOVA VISÃO TRANSPESSOAL DA CONSCIÊNCIA

A consciência é uma expressão de um fenômeno físico e extra-sensorial, ela fica localizada no cérebro. A primeira camada da consciência é dividida em três: consciência objetiva, subjetiva e cósmica. Já na segunda camada temos: inconsciente, superconsciente e subconsciente.

A consciência se desenvolve no cérebro, a partir dos vórtices fluídicos, que servem de substrato ao pensamento que se projeta como energia em partículas de comprimento de ondas variadas.

A consciência surgiu da vida unicelular, lá nos primórdios, adquirindo o direcionamento cósmico. Ela é dotada de energia extra-sensorial que desencadeia o pensamento e expressa nossos desejos. A consciência é estimulada por seu vizinho rival, o inconsciente, que estimula a consciência e desencadeia percepções cerebrais e extra-sensoriais.

A consciência está acesa totalmente no cérebro, apesar de suas ligações com o mundo externo. Quando, por exemplo, o indivíduo movimenta qualquer parte do seu próprio corpo, um simples piscar de olhos, a consciência registra isso automaticamente. Na realidade, os cientistas já descobriram que nós temos capacidade de desenvolver ativamente a consciência a 100%, ao contrário do que se pensa, apenas 10%. Mas sabemos que isso é coisa do passado. A consciência está apta na verdade a 100%, só é preciso estimulá-la.

Muitos estudiosos já disseram que nós, seres humanos, somos mais inconscientes do que conscientes. Esse fato é fruto da grande ênfase que é dada ao inconsciente quando, por exemplo, agimos automaticamente. Mas, na realidade, temos capacidade para utilizar a nossa consciência da melhor forma possível.

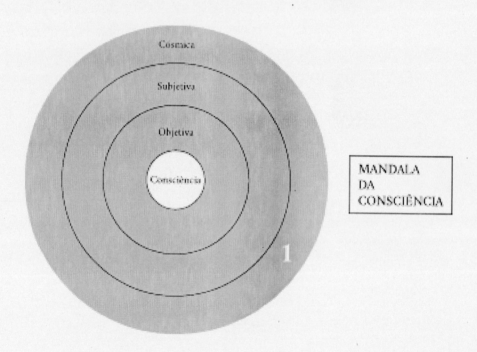

## 3.8 MANDALA DA MENTE MÍSTICA

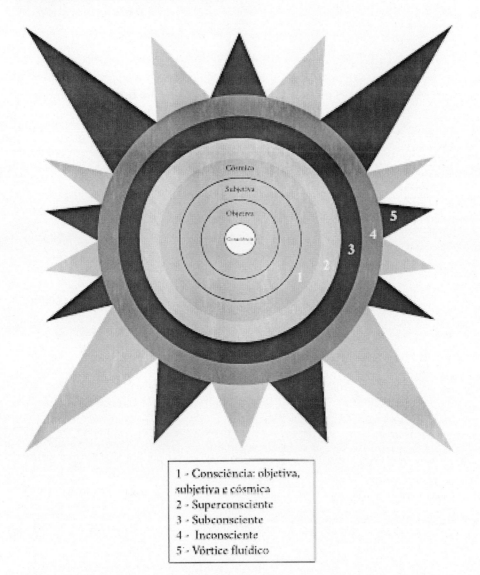

1 - Consciência: objetiva, subjetiva e cósmica
2 - Superconsciente
3 - Subconsciente
4 - Inconsciente
5 - Vórtice fluídico

**A consciência objetiva** está fixada no "aqui e agora", nos acontecimentos do momento, ela é fixada aos padrões existentes. Já a subjetiva está mais ligada ao inconsciente e recebe frequência dele o tempo todo.

O ser humano também utiliza muito a consciência subjetiva nos momentos premonitórios, ou em certas situações de dúvida o indivíduo utiliza as três vertentes da consciência em relação a alguma decisão a ser tomada.

Já a **consciência cósmica** é por demais coletiva e é amplamente utilizada nos sonhos, apesar de muitos dizerem que quando o individuo está dormindo está inconsciente. Mas, partindo do princípio de que só o corpo orgânico dorme, a alma não! Nesse período transitório, o indivíduo vai utilizar bastante a consciência cósmica, até mesmo para desenvolver seus conhecimentos na erraticidade. Antes de esse indivíduo acordar, o inconsciente arquiva 99% dos dados adquiridos no passeio extra-sensorial e a pessoa volta com a sensação de que sonhou a noite toda, mas nem sempre se recorda do que sonhou.

Por outro ângulo, a consciência cósmica está ligada à universalidade do ser humano. Por sermos limitados, não deveríamos agir assim, pois temos capacidade para nos desenvolver mais e ser mais do que imaginamos.

O indivíduo, em certos casos, utiliza as três vertentes da consciência, ou seja, a subjetiva, objetiva e a cósmica.

Na maioria das vezes, não utilizamos nossos poderes interiores que são muito profundos e podem ser desenvolvidos a partir da consciência cósmica. Como foi dito, quando dormimos utilizamos plenamente a consciência cósmica. Mas, quando em vigília, usamos essa consciência de forma automática, apenas cerca de 5% dela.

Para desenvolvermos essa consciência com intensidade faz-se necessário que haja uma integração com o todo. É o caso de estabelecermos um maior contato com a natureza. Pode-se também utilizar o método da "maiêutica" do filósofo grego Sócrates, que sintetiza o conhecimento de si mesmo a partir da meditação e relaxamento. Não pode faltar a integração com o Ser Supremo (Deus).

O universo é formado de macrocosmo (universo), mesocósmo (natureza) e microcosmo (homem).

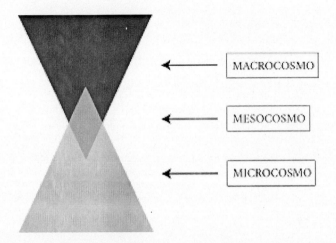

O macrocosmo corresponde ao grande universo, que é o conjunto de galáxias, sistemas, astros e corpos celestes que compõem o cosmo. Já o microcosmo é formado pelo próprio ser humano, um ser vivo e dotado de consciência. Microcosmo significa "pequeno universo". E, por fim, o mesocosmo é uma referência ao planeta terra, à natureza de forma geral.

É a partir da cosmologia que o ser humano tem acesso ao mundo físico e metafísico. E a consciência cósmica é responsável por essa polarização no ser humano. Subentende-se que o "ser" que estiver utilizando a consciência cósmica pode chegar ao nirvana.

O mundo é triplo, a consciência é tripla e a alma é dotada dessa trilogia. Por isso, ela é imortal e transcende a partir do tempo e do espaço.

Deus é o representante maior da consciência cósmica, por isso ele é onipresente, onipotente e onisciente.

A irradiação universal pode nos levar a planos de consciência muito elevados, como a alma do universo, a alquimia transcendental etc.

### 3.8.1 O Inconsciente

O **inconsciente** é como uma "caixa-preta" de avião. Lá são armazenados todos os tipos de dados do indivíduo, seja da vida presente ou pregressa.

Mas antes de falarmos do inconsciente, vamos detalhar um pouco ainda a consciência objetiva, subjetiva e cósmica.

Dissemos que o inconsciente é a "caixa-preta" do cérebro. É uma espécie de depósito em que tudo o que é vivenciado pelo indivíduo, seja em base física ou metafísica, é ali depositado (no inconsciente).

Todos os pensamentos, lembranças, sensações, toda a programação que envolve o indivíduo, desde a criação, enfim, tudo é guardado com toda a fidelidade e riqueza de fatos como vídeo e áudio.

O inconsciente interfere na consciência devido à riqueza de fatores que estão acumulados na sua memória. É também importante dizer que o inconsciente não interfere na consciência se o indivíduo ocupa essa minuciosamente, sem falar que a mente consciente pode a qualquer momento solicitar informações ao inconsciente, principalmente a partir de recordações, reminiscências, divagações etc.

Pinta-se o inconsciente como um grande vilão, mas é importante dizer que sua mente consciente é semelhante ao cursor numa tela de computador, pois ela vai para onde você quiser dirigir. Isso quer dizer que você pode usufruir as benesses que o inconsciente pode lhe oferecer como o arquivo de várias situações que lá estão depositadas. Uma vez depositados os dados e sensações, o inconsciente "fecha a porta". O problema é que, em qualquer situação (até mesmo sem muita importância), as pessoas "escancaram" totalmente o inconsciente e deixam a porta do depósito aberta e ele acaba assumindo o controle da situação. Aqui, vale lembrar que somos seres duais: físicos e metafísicos. Vivemos conectados em dois mundos ao mesmo tempo e isso faz com que não "fechemos" a guarda.

### 3.8.2 O Superconsciente

O superconsciente é uma espécie de coadjuvante do inconsciente. Ele filtra todos os dados construtivos da "caixa-preta" e arquiva de forma seletiva.

Quando o indivíduo usa a consciência integralmente, ele busca dados do que o superconsciente fornece automaticamente. Isso quer dizer que sua mente consciente pode pedir informações ao superconsciente o tempo todo. Quando a pessoa desenvolve uma atividade física diária intensa, o superconsciente interage mais com a consciência do que o inconsciente. O superconsciente está de certa forma aliado à consciência cósmica, isso faz com que haja uma grande integração entre os dois na hora do sono.

### 3.8.3 O Subconsciente

Já o subconsciente – a última camada da mente – age como se fosse o guardião apenas das coisas positivas. Nele não entram informações reconhecidas como negativas. O subconsciente é tipo "zen". Quando você medita e desperta da sua concentração, você pode ter acesso ao subconsciente. Ele é uma plena paz e nele tudo é positivo.

A hipnose e a regressão são técnicas que podem ser utilizadas para fazer uma viagem à mente e a todas essas polarizações.

Voltando a falar do inconsciente: ele é um depósito cheio de informações, por ser muito potente, mas, de certa forma, ele é como uma cozinha desorganizada: tudo que chega a ele antes de ser filtrado pelo subconsciente tem suas frequências enviadas para a consciência objetiva. Daí, ele "atira" para todos os lados, mandando comandos de neutralização energética atrás dos vórtices fluídicos que são produzidos a partir das informações que chegam sem controle até ele.

Já o superconsciente trabalha diferente. Além de armazenar os dados de forma bem organizada, ele dá comando para todos os níveis da mente e, nessa integração, o superconsciente é um grande aliado da consciência cósmica. Há quem diga que o nível inconsciente é mais produtivo e importante que o subconsciente.

Na realidade, o nível consciente é o mais passivo da mente. Lembremos aquele ditado que diz "mente vazia é oficina do diabo": isso quer dizer que, quando você não ocupa a mente, está dando espaço às manifestações do inconsciente, que vai projetar dados para a consciência objetiva. Mas essas informações podem vir plenas de grande fantasia, pois o inconsciente tem esse poder de arquivar todas as informações que chegam até ele. Mas quando ele libera essas informações, a consciência objetiva – por receber esses dados muito alterados devido a diferentes formas de leitura que cada nível tem – pode se aliar ao inconsciente, tipo se entregar, e é possível que a pessoa comece a entrar num nível depressivo.

É muito importante, portanto, que estejamos sempre de mente ocupada, positivamente para não dar asas à imaginação de forma indevida. É importante dizer que não estamos sozinhos e que vivemos num emaranhado de energia extra-sensorial ou metafísica que "frequencia" a nossa mente a partir do inconsciente e da consciência cósmica. Como já disse, somos duais e essa dualidade é muito importante para o desenvolvimento humano.

GRÁFICO 1: MANDALA COSMOLÓGICA

O interior do gráfico é formado por macrocosmo, mesocosmo e microcosmo; e o exterior do gráfico pela consciência universal que é uma réplica da mente humana.

A "caixa-preta" é dupla, uma parte fica aderida à mente a partir do inconsciente e a outra fica aderida ao perispírito (corpo fluídico). Mesmo com a morte física do corpo, todas as informações ficam gravadas e arquivadas na memória imperecível, pois o ser humano está vinculado no plano terreno a partir de um cordão fluídico que fica aderido à mente. Havendo o desligamento desse cordão (a partir da morte), as informações permanecem intactas, pois esse segundo arquivo é indestrutível. A morte do corpo físico não é capaz de destruí-lo.

No corpo físico, a "caixa-preta" está aderida ao inconsciente, mas no corpo perispiritual ela está aderida ao superconsciente, pois o nível mental do perispírito é a consciência cósmica e o superconsciente. É mais uma razão para que os dados estejam intactos no superconsciente. Fora da limitação (física) o arquivo é indestrutível. É a partir dele que é feita toda a manutenção universal.

# TEMA 4

# VISÃO METAFÍSICA OU TRANSPESSOAL DA CONSCIÊNCIA

O Id e o Ego são manifestações da consciência objetiva, enquanto o superego é uma manifestação do inconsciente.

Quanto mais se trabalha o desenvolvimento da consciência, mais se podem desenvolver as percepções dessas três vertentes. Não podemos esquecer que nosso aparelho psíquico não está isento de interferências extra-sensoriais, que podem desvencilhar o nosso "eu" interior e nos levar para caminhos sem volta, como no caso da esquizofrenia que pode ser causada por um desequilíbrio psíquico ou por uma transfusão energética (obsessão). É nesse momento que devemos usar o mecanismo de defesa para nos proteger. Por isso, é importante termos conhecimentos das forças universais para que verdadeiramente possamos saber nos defender das reações extra psíquicas.

Existem muitos tipos de alterações da consciência que na maioria das vezes acontecem por reações do inconsciente. O delírio é uma delas: ao lidar com uma alteração transitória da consciência, o indivíduo recebe informações do inconsciente de forma alterada, pois as crises são intensas, causando modificações no ciclo do sono e muito medo de escuro, inclusive medo da noite. As noites, para pessoas que sofrem com esses distúrbios, são muito longas. Esses delírios são provocados também pelas energias extrafísicas, mas sempre a partir do inconsciente.

Outra alteração gravíssima é a obnubilação da mente por ela mesma, que se processa quando o indivíduo não consegue ter nenhum tipo de percepção globalizada das situações vivenciadas no momento atual. Nesse caso, a consciência foi tomada totalmente pelo inconsciente. A partir daí, é o inconsciente que vai dar ordem e comando, havendo, portanto, perda total da sensório-percepção e o indivíduo vai se tornando uma marionete do inconsciente e perde o entendimento das impressões sensoriais, ao passo que elas vão ficando cada vez mais lentas e causando a obnubilação crônica.

Geralmente, todos os distúrbios causados no nível consciente têm a infiltração de energias extrafísicas, atuando sem barreira nenhuma e atrapalhando o desenvolvimento psíquico do individuo. Nesse caso, é importante dizer que o tratamento de forma geral é importante, mas a força interior do paciente é mais ainda, pois só ele é que pode estabelecer seus comandos e retomar a consciência.

Outra alteração da consciência é a confusão que a pessoa faz quando não consegue falar nem pensar. No caso do obnubilado, em virtude de ele não conseguir integrar o pensamento de forma organizada, ele fica desesperado por não conseguir correlacionar o que vê, ouve ou escuta. Daí, ele fica falando o que "dá na telha", qualquer coisa sem sentido. Ele fala sem pensar, pois, com a consciência bloqueada, não tem acesso à memória e fica por demais desesperado. Outros agem como se estivessem anestesiados e não saem do lugar, ficam imóveis, pois perdem a sensação de tudo.

Há outros que agem de forma agressiva: são aqueles que estão teleguiados por energias extrafísicas, estes ficam realmente irredutível.

Outros **distúrbios da consciência** são: distração, desorientação e dupla orientação.

A distração acontece quando estamos sob efeito de drogas ou quando estamos muito estressados, sob efeito do sono. Nesse caso, a distração demora poucos segundos, o tempo suficiente para o indivíduo sofrer um acidente. Por isso é importante estar sempre atento aos distúrbios da consciência.

Já na desorientação, o indivíduo se torna incapaz de relacionar dados e não sabe sequer seu nome nem em que época se encontra. Além de o indivíduo ter perdido a consciência, perdeu também o acesso à memória.

No caso da dupla orientação, o indivíduo não perde o acesso à memória, mas, em algum momento, tem certo lapso, que é o suficiente para causar oscilação entre a orientação adequada e uma inadequada, misturando os dados e fazendo a maior confusão. Exemplo: o indivíduo está vivendo neste século, mas afirma piamente que está vivendo no século passado. E quando alguém questiona, ele retoma a memória e diz que não falou uma asneira dessas e quem passa por mentiroso é sempre o outro. No caso do mal de Alzheimer, acontece muito a dupla orientação, logo no início da patologia.

A consciência é muito sutil e pode ser desconectada a qualquer segundo, se não a utilizarmos de maneira positiva.

A partir da alienação, podemos nos tornar indivíduos improdutivos e destrutivos, pois temos capacidade para construir e destruir. Só depende de nós.

Quando usamos a consciência positivamente, conseguimos construir grandes avanços na nossa vida pessoal e profissional.

Há aqueles que lutam pelo desenvolvimento intelectual, tecnológico e humano das pessoas. Há outros que utilizam seus poderes interiores para fazer o mal e é importante dizer que nesses casos, na maioria das vezes, o indivíduo está consciente do que está fazendo, mas ele pode se defender dizendo que teve um lapso de consciência e que não sabe o que fez.

Para atingir o nível de plena consciência, é necessário muito treinamento e desprendimento das coisas efêmeras, inclusive desprendimento do material, e isso é quase impossível diante do estilo de vida que as pessoas levam no planeta terra. São tantas as "tentações" que muitos preferem viver limitados sem se desprender delas, e poucos atingiram o cume da consciência como o filósofo grego Sócrates, Sidharta Gautama, o "Buda" etc. Mas muitos poderão atingir o nível pleno de consciência, é só querer. E querer é poder, depende do ângulo de entendimento dessa frase, mesmo porque já foi provado que a consciência está no nosso cérebro em pleno desenvolvimento (100%), é só nos conscientizarmos disso e, a partir de uma vida saudável e regrada, dar início ao nosso desenvolvimento interior.

As pessoas se sentem um pouco anestesiadas, sim, isso porque poucas se esforçam o suficiente para se desobnubilar. Muitos preferem ser um indivíduo que só usa no máximo 10% da sua consciência. Para muitos, é preferível ser um indivíduo alienado a sofrer alguma transformação interior, pois essas transformações, para muitos, são desnecessárias e desgastantes. Para esse tipo de indivíduo, está na moda usar bebidas alcoólicas ou até usar drogas. Nesse caso, se um indivíduo desse adoecer e o médico não prescrever um psicotrópico qualquer, ele acha que não está na moda. Esse tipo de alienado prefere viver em acesso quase pleno ao inconsciente, utilizando 1% da sua consciência a se transformar num ser produtivo não só materialmente, mas transpessoalmente também.

Quando usamos a consciência positivamente, conseguimos remover montanhas, pois o pensamento (que é a chave primeira da consciência), quando usado positivamente, consegue transcender o tempo e o espaço e remover as agruras da vida. O Lema é "querer é poder".

A consciência na supremacia extrafísica é a essência suprema do ser transcendental, pois é a partir dela que temos acesso à vida universal. Ela é por demais importante para o desenvolvimento interior e deve ser por nós respeitada e desenvolvida ao máximo que pudermos.

Além da meditação, que ajuda a desenvolver a consciência, podemos utilizar o hábito da leitura (livros, jornais, revistas etc.), fazer palavras cruzadas, quebra-cabeça etc. Isso ajuda muito as pessoas a se restabelecem de um princípio do mal de Alzheimer.

Já no caso de uma autotransformação, os indivíduos que se interessarem podem iniciar fazendo uma autoavaliação interior e relaxamento psicológico, meditação, reeducação alimentar etc. Tudo isso pode ser um grande impulso para uma integração maior consigo mesmo.

"O individuo consciente é aquele que acredita nos seus poderes interiores e consegue transcender a partir de tempo físico e extrafísico." (Autor não identificado)

# TEMA 5

# VISÃO PSICANALÍTICA DO ID, EGO E SUPEREGO

Segundo Sigmund Freud, o ID é uma manifestação primitiva que acontece com os recém-nascidos a partir dos impulsos e sensações corporais. O ID é um ponto de partida de todos os seres humanos, é uma fonte básica de energia que está acoplada em nosso corpo.

O Ego segundo Freud é uma espécie de extensão do ID. É o "EU" consciência plena de toda essa intercessão da memória. O ego é a parte de nós que nos lida com a mais dura realidade e negocia com ela as satisfações e necessidades geradas pelo ID. Exemplo: quando sentimos sede, estamos detectando o surgimento de uma necessidade e sabemos que para satisfazê-la é necessário beber água. Utilizamos a memória para encaminhar onde podemos encontrar água para saciar nossa sede.

Segundo Freud, o ego tem três tarefas básicas: a nossa preservação, nosso autocontrole e a nossa adaptação ao meio ambiente.

O superego é a capacidade de julgamento moral que adquirimos quando termina a infância. Segundo ele (Freud), o superego é a parte de nós que liga aos códigos morais do meio em que vivemos.

As três instâncias em busca de equilíbrio podem vivenciar experiências boas ou ruins. Daí é que surgem os complexos existenciais que são exacerbadamente desgastantes. Na busca do equilíbrio, traçamos estratégias mirabolantes para sairmos de determinadas situações momentâneas. Geralmente o inconsciente automaticamente elabora essas estratégias, que Freud chamou de mecanismo de defesa. Ele defendeu que é importante sabermos usar o mecanismo de defesa, pois se usarmos de forma irresponsável, vai chegar um momento que esse mecanismo poderá virar uma válvula sem escape e vamos estar sempre em grandes apuros.

Quando a pessoa sofre de alguma patologia mental, as funções adaptativas do ID e EGO na maioria das vezes são afetadas. Por exemplo, nos casos de transtornos psicóticos, esquizofrênicos, depressão etc.

# TEMA 6

# VISÃO METAFÍSICA
# DO SONO E DOS SONHOS

Nos primórdios dos tempos o sono era considerado uma morte temporária. O homem primitivo pensava que sua alma deixava o corpo e escapava para um destino desconhecido. Hoje, os metafísicos já sabem o destino da alma no momento do sono. Eles dizem que o corpo humano necessita de pelo menos seis horas diárias de repouso (sono). No período do sono é formada uma casa: nas duas primeiras horas de sono, faz-se o que seria o alicerce (é o período em que a alma sai do corpo logo nos quatro primeiros minutos do sono); depois do desenlace, a alma começa sua viagem astral. A alma tem uma espécie de clarividência que ela pode utilizar e fazer uma viagem ao passado, presente e futuro. Essa viagem pode ser no mundo terreno ou em outros mundos (uma viagem em relação à sua própria vida ou à erraticidade). A alma não tem fronteiras: é por isso que a pessoa pode sonhar com a sua infância, com pessoas que não se conhece na vida presente, com lugares os quais nunca sequer viu, enfim, em situações diversas.

Nas duas primeiras horas do sono (o alicerce da casa), a alma passa todas as informações colhidas para o corpo que está dormindo, mas a mente não dorme. O inconsciente está gravando toda a viagem astral da alma a partir do dispositivo de ligação que fica entre o corpo e a alma.

Nas quatro primeiras horas de sono, as paredes da casa já estão formadas. Nesse período o inconsciente não acompanha mais a viagem astral da alma. Aí ela está repetindo as informações que recebeu da alma em todo o período que resta do sono. Tem dias que a pessoa não sonha porque o inconsciente bloqueia todas as informações que chegam à mente fornecidas pela alma. Os loucos não sonham porque o inconsciente bloqueia integralmente as informações fornecidas pela alma. É importante dizer que, quando as informações chegam à mente, o inconsciente, na maioria das vezes, fantasia cerca de 70% das informações, e quando a pessoa acorda, esquece 99% da essência do sonho. A pessoa tem também a impressão de que sonha o mesmo sonho durante a noite toda. Em alguns casos, o sonho poderá ser repetido várias vezes. O inconsciente só terá acesso às informações da alma nas primeiras duas horas no alicerce da casa do sono. Depois a alma está plenamente livre do corpo e da mente e só retorna ao corpo no fechamento da casa. A partir de seis horas, a casa está completamente fechada e a pessoa está com o corpo completamente restabelecido para o dia.

Quando se dorme durante o dia, não há uma formação completa da casa do sono, mas, de qualquer forma, o repouso faz bem para o corpo, mesmo não havendo o fechamento da casa do sono durante o dia. O processo do desenlace do corpo é o mesmo e a viagem astral da alma tem a mesma dimensão da noite. Observação: se a pessoa for acordada subitamente, a alma retorna subitamente ao corpo, mas isso causa no futuro um grande estresse para o corpo e a mente. Em virtude de a alma fazer a viagem no passado, presente e futuro e poder prever alguns fatos que aconteceriam na sua vida, que são os sonhos premonitórios. Mas na maioria das vezes o inconsciente censura e bloqueia. Na verdade, o período do sono é muito importante para o corpo humano e muito importante também para a emancipação da alma.

Os sonhos são algo transcendentais: podemos durante um sonho manter conversações sem que uma só palavra seja dita. Podemos ser transportados a diversos lugares completamente diferentes por vezes muito distantes sem o uso de qualquer veículo, sem notarmos qualquer lapso de tempo, simples e repentinamente, estamos lá, rapidamente, sem termos tomado avião ou ônibus, sem termos dirigido um carro, sem termos montado num animal e sem nem mesmo termos caminhado.

Objetos, pessoas, familiares, animais ou estranhos podem aparecer subitamente de parte alguma nos nossos sonhos e desaparecer sem aviso. Esses são os caminhos percorridos pela alma sem dimensão de espaço e tempo. Disse o filósofo Heráclito de Éfeso cerca de 500 anos a.C.: "mesmo os adormecidos são trabalhadores e colaboradores daquilo que passa no universo".

# TEMA 7

# VISÃO PSICANALÍTICA
# DO SONO E DOS SONHOS

Na visão psicanalítica do Dr. Sigmund Freud, os sonhos são manifestações dos desejos reprimidos que se apresentam em forma de símbolos. O psiquiatra Carl Gustav Jung acreditava que os sonhos eram uma visão futurista ou premonitória.

Diz Freud "atividades rítmicas como dançar, cavalgar e escalar devem ser aqui mencionadas como também experiências violentas como atropelamento, atividades manuais e naturalmente ameaçam com armas". Sonhos envolvendo esses simbolismos podem se referir a experiências reais de relacionamento sexual (oral e anal), manifesta cena de surra, tortura, crucificação ou assassinato. Vale notar que os atos de crueldade retratam relações sexuais segundo Freud.

## O MATERIAL DOS SONHOS É A MEMÓRIA

Todo material que constitui um conteúdo de um sonho deriva-se de certa forma da experiência. É bastante comum que o sonho evidencie conhecimentos e lembranças que o indivíduo não sabe que possui. Uma das fontes das quais os sonhos extraem material para a reprodução é a experiência da infância.

## OS ESTÍMULOS E AS FONTES DOS SONHOS

Fontes Sensoriais Externas (objetiva), Excitações Sensoriais Internas (subjetivas), Estímulos Somáticos Internos (orgânico) e a Fonte de Estimulação puramente psíquica.

## POR QUE NOS ESQUECEMOS DOS SONHOS APÓS NOS DESPERTAR?

Os sonhos se desvanecem pela manhã porque muitas imagens são muito fracas, enquanto imagens subjacentes mais fortes são recortadas. É difícil reter tanto o que é absurdo quanto o que é confuso e desordenado. Os sonhos na maioria dos casos não possuem inteligibilidade. Nem ordem. Via de regra logo após o despertar se desmancham, é porque a maioria das pessoas dá pouca atenção aos seus próprios sonhos.

### Características Psicológicas Distintivas dos Sonhos

Os sonhos são considerados como produtos de nossa própria atividade mental. Os sonhos se processam predominantemente por imagens visuais, mas também fazem uso de imagens auditivas. O sono põe um fim à autoridade do "eu", portanto o ato de adormecer trás consigo certo grau de passividade.

O sentido moral nos sonhos é discutido, há quem diga que as regras de moralidade não têm lugar nos sonhos, já outros asseguram que o caráter moral do homem persiste na sua vida onírica.

### Teorias dos Sonhos e suas funções

Teóricos da Psicologia analisam os conteúdos dos sonhos nos tempos: passado, presente e futuro.

O conjunto total da atividade psíquica continua em sonhos. A mente não dorme e seu aparelho permanece intacto.

Pressupõe que os sonhos implicam numa sedução da atividade psíquica.

1. Atribui a mente que sonhos unem capacidade e uma tendência para efetuar atividades psíquicas especiais das quais é totalmente ou parcialmente incapaz, durante a vida em vigília.

Sua função é utilitária por ser uma atividade especial de mente e o material com que a imaginação do sonho efetua seu trabalho artístico é provido principalmente pelos estímulos orgânicos obscuros durante o dia.

## As relações entre os sonhos e as doenças mentais

Entre os sonhos e as psicoses, em que as analogias indicam uma afinidade essencial entre ambas as mudanças a que a vida onírica fica suspeita em casos de doença mental.

Quando o sonho representa um estado psicótico ou o introduz, ou permanece como resíduo dele.

# TEMA 8

## O SONO E O DORMIR

Passamos um terço da nossa vida dormindo. O sono é um estado de repouso mental e físico muito importante do ponto de vista da saúde. O sono, não é perda de tempo, pois dormir nos protege contra o stress

Sabemos a partir da observação e da pesquisa que hoje se dorme menos que no passado. Estamos dando pouca importância ao sono na vida moderna em função da carga excessiva de estímulo, da correria, achando que o sono é perda de tempo. Mas não nos esqueçamos de que dormir nos protege contra o stress, o indivíduo que dorme mal fica distraído e mal humorado.

As pessoas hoje têm insônia ou sono curto por ausência da Melatonina. A insônia é um monstrinho insuportável. Devemos dormir de sete a oito horas por dia.

Distúrbios do sono:

Síndrome do pânico, insônia, ansiedade, obesidade, inquietação, apneia, falta de exercício físico.

É importante fazer uma alimentação certa para dormir, como exemplo: triptofano, leite com mel, magnésio e vitamina B12, peixe, ameixa e gergelim, maracujá com alface, chá de camomila com erva doce.

## RECOMENDAÇÕES

Dormir depois do almoço, hidroginástica, alimentação natural, dormir sempre no mesmo horário, caminhar, chás calmantes, por exemplo, a raiz da valeriana induz ao sono. Segundo Freud, o sonho era contínuo e servia para manter as pessoas dormindo. Sabe-se que o brasileiro dorme mal, sendo a insônia uma epidemia que se alastra.

# TEMA 9

# A INTERPRETAÇÃO DOS SONHOS

O sonho é uma experiência que possui significados distintos. Para a ciência, é uma experiência de imaginação do inconsciente durante nosso período do sono. Para Freud, os sonhos noturnos são gerados, na busca pela realização de um desejo reprimido

Em 1900 Freud publica o livro *A Interpretação dos Sonhos*. O sonho é a realização de um desejo, considerado por Freud como seu trabalho mais importante, a sua mais valiosa das descobertas; "Parece que os sonhos quando se acorda não provenhou de outro mundo, mas levaram-no para outros mundos" (Freud). Os sonhos ajudam a psique a se proteger e satisfazer-se. Sonhar é uma forma de canalizar desejos não realizados por meio da consciência sem despertar o corpo.

Dentro do contexto da psicanálise, o terapeuta ajuda o paciente a interpretar os sonhos para facilitar a recuperação do material inconsciente. Os sonhos não são nem causais nem acidentais, e sim um modo de satisfazer desejos não realizados.

Os sonhos são os verdadeiros intérpretes de nossas inclinações, mas é necessária uma arte para ordená-los e compreendê-los (MONTAIGNE, *Ensaios*).

Um sonho não decifrado é como uma carta não lida, já diziam os chineses.

Jung dizia que para entender o significado do sonho, precisamos nos agarrar tanto quanto possível às suas imagens (1934, p. 49 na ed. bras.)

A Psicóloga Transpessoal Denise Ribeiro Gonçalves diz que "Considerar e compreender os sonhos reflete uma atitude de acolhimento e respeito às mais variadas expressões e manifestações do ser, em todos os estados de consciência possíveis."

# TEMA 10

## OPERAÇÕES MENTAIS – COMO O CÉREBRO APRENDE

Não apresentarei uma visão mecanicista do cérebro por acreditar no paradigma dualista pelo qual a mente instrumentaliza o cérebro para se inserir na realidade física em que transitamos.

É necessário compreendermos, porém, que o cérebro, pelos seus antecedentes evolucionistas, exibe no seu funcionamento uma determinada operacionalidade física de instrumental físico. Isso quer dizer que há regras ou, pelo menos, podemos reconhecer certos programas básicos pelos quais a mente põe o cérebro em funcionamento. Podemos até reconhecer, adotando o paradigma transpessoal, que uma mente fora do contexto físico (do cérebro) pode dispor de recursos ou usar de estratégias que sobrepujam toda a fisiologia cerebral, mas, enquanto contida nessa "máquina" de neurônios, ela é limitada pelos recursos que esses neurônios podem oferecer.

Esses limites é que vão ficar claros quando descobrirmos o texto do "manual de operacionalidade do cérebro".

Como qualquer outro ser vivo, nós somos resultado de um processo evolutivo que privilegiou para todos a sobrevivência e a adaptação.

O cérebro humano, apesar de dispor de uma potencialidade extraordinária para atuar no meio ambiente que nos cerca, está "engatinhando" para priorizar a sobrevivência e a adaptação da nossa espécie. Isso exige decisões às vezes apressadas para atualizações rápidas, frequentemente tidas como insensatas. No conjunto de informações que nosso cérebro debita no mundo à nossa volta, a escala de prioridades estabelece a informação mais útil, a mais acessível. Não necessariamente a melhor ou a mais lógica. O cérebro opta por simplificar para se adaptar e, para isso, nos põe diante de um esboço rápido da realidade.

O processo de sobrevivência exige que cada presa esteja sempre de prontidão para prevenir dos ataques dos seus predadores. E, de certa forma, na luta entre o mais forte e o mais fraco, somos todos presas e predadores uns dos outros. Nesse sentido, o cérebro posicionou o foco da consciência na atenção imediata para todos os fatos novos que se projetam no meio ambiente. Ninguém pode ser pego de surpresa, nem se deter para análise pormenorizada de um objeto que pode ou não ser hostil; que pode ser ou não sombras de vegetação ou uma fera traiçoeira que nos ataca e mata.

O cérebro humano continua privilegiando todo esse mecanismo de defesa adaptando-se a rotinas e menosprezando o que é corriqueiro para estar atento ao que é novo, ficando predisposto a agir rapidamente a um perigo, uma ameaça eminente. Estamos mais preparados para reagirmos a mudanças que ocorrem à nossa volta e não necessariamente ao desenrolar dos acontecimentos. Mudanças no ambiente carregam um potencial de hostilidade maior que a própria agressividade desse ambiente. Para isso, nos habituamos aos ruídos das cidades e à monotonia do trânsito, mesmo que eles sejam de início muito desagradáveis.

Por isso, também não nos abalamos com mais uma notícia de engarrafamento nas ruas ou de um empregado que se acidentou na fábrica.

Os fatos novos, ao lado do perigo que podem ou não representar, têm o poder de desencadear, pelo inusitado da sua ocorrência, uma sensação agradável ou hostil, uma emoção forte que se irradia por todo nosso organismo, liberando a adrenalina para uma reação em cadeia que nos põe em estado de alerta. Por isso, no desenvolvimento do cérebro, seguindo a escala animal, percebemos que o cérebro emocional, representado pelo sistema límbico, precede o desenvolvimento de cérebro intelectual, expresso pelas circunvoluções cerebrais do neocórtex.

É sempre mais vantajosa essa resposta emocional rápida e eficiente do que uma reação meticulosa e bem elaborada. A primeira facilita uma estratégia de fuga mais eficaz, mais ligada à sobrevivência do que a segunda, que exige tempo muito precioso, quando o que está em jogo é viver ou morrer.

Qualquer um de nós percebe que as emoções permeiam nossos comportamentos tanto nos gestos motores como nas interjeições do nosso psiquismo. Qualquer acontecimento que presenciamos ou qualquer objeto que contemplamos serão as emoções que redigiram o texto da nossa relação sobre o que testemunhamos ou percebemos.

O conteúdo e a linguagem que escrevem este texto têm muito pouco de pensamentos lógicos de divisões racionais ou de interpretações verossímeis. O livro da experiência de vida de cada um de nós está escrito com a aparente desordem do caos, são só ideias emocionais.

É frequente percebermos quantas vezes nossas atitudes foram tomadas "sem pensarmos", quantas vezes agimos levados pelo "calor das emoções" e, ao "pensarmos melhor", muitas vezes mudamos nossos julgamentos e até nossas decisões.

É comum, também, conhecermos pessoas racionais ou corajosas diante de problemas da vida que se emocionam ou apavoram ao verem um ferimento sangrando, ou subirem no elevador ou se verem no topo de um edifício. O pavor que a emoção provoca é muito mais forte que a interpretação racional do possível que se esteja enfrentando.

É por isso que nos acostumamos a fazer mudanças frequentes de julgamento. As emoções nos antecipam com decisões apressadas, mas de pouca precisão, por isso, frequentemente efêmeras e sujeitas a revisões. Num jogo de futebol, numa partida de tênis ou numa corrida de cavalo, podemos ir mudando, até aos instantes finais do jogo, as nossas previsões de quem será o vencedor. Por isso, também, em qualquer escolha afetiva que fizemos, haverá sempre a possibilidade de se questionar o acerto da decisão.

Nossa consciência flui continuamente num fluxo incessante de múltiplas ideias. O nosso mundo interno, do ponto de vista mental, não é estático e as ideias não estão rigidamente estabelecidas. A mente tem a dinâmica de mosaico de luzes que se projetam pela consciência que se constrói ou expande diante do que nos emociona.

Na luta pela vida, a necessidade de agirmos rápido faz com que a mente tenha uma atuação on-line, que põe a nossa atenção e a nossa consciência sobreposta aos fatos para não ser pega de surpresa. Nesse sentido, a mente tem que fazer escolhas rápidas de prioridades, dirigindo suas informações sensoriais no sentido de tomar decisões mais úteis e mais acessíveis e não necessariamente a melhor. Uma alternativa que está mais à mão pode nos dar uma chance de fuga ou defesa mais rápida.

Nós, porém, perdemos tempo para analisar a gravidade ou a extensão do perigo. As estatísticas podem estar a nosso favor, mesmo assim, é melhor salvarmos a nossa pele primeiro.

# TEMA 11

# INTELIGÊNCIA E COMPORTAMENTO EMOCIONAL

A análise das funções dos diversos lobos cerebrais menos simplificados é suficiente para nos confirmar uma organização neurofisiológica que congrega nossas aptidões. A identificação das funções cerebrais, embora volática, corre o risco de ser muito artificial, já que atualmente se valoriza as atividades cerebrais dentro de um conceito modular de independência de áreas que se ligam entre si, pelas vias de associação. Assim, qualquer determinada função tem seus elementos anatômicos e neurofisiológicos representados em mais de uma região.

Com o lobo frontal realizamos tarefas a partir de determinadas estratégias. Essa região nos permite organizar uma sequência lógica para resolvermos um determinado problema. O lobo frontal está ligado à fixação da atenção à capacidade de percebemos com crítica a gerência dos nossos atos. Nas lesões desse lobo ocorre desatenção e o indivíduo se torna repetitivo, sua conduta passa a ser frequentemente antissocial, sua personalidade se altera, às vezes ele passa a ser fogoso ou inconsequente por não perceber sua inconveniência e não ter críticas dos seus próprios erros. Há uma constante labilidade emocional que faz com que esses pacientes chorem ou riam sem motivo aparente e sem centro de racional.

O lobo frontal, pela via piramidal que parte da sua área motora no giro central, executa atividade motora, voluntária, intencional. É por essa via que estendemos a mão para pegar a chave com que vamos ligar o carro, o lobo frontal dá partida para os nossos gestos, estando ligado ao que chamamos de iniciativa e de motivação. O lobo frontal controla impulsos que executam nossos comportamentos sociais e sexuais.

No lobo frontal esquerdo está situada a famosa área de broca que é a sede da expressão da linguagem falada.

As lesões do lobo central provocam perda também da expressão facial espontânea. O indivíduo torna-se petrificado em sua mímica facial. Os danos frontais podem comprometer a atividade do pensamento, tornando os pacientes rígidos em suas posturas éticas e inflexíveis em suas decisões.

Quando há comprometimento na área do frontal esquerdo, a lesão na área da boca leva à perda da expressão da fala e o indivíduo, apesar de compreender o diálogo que ouve, só se expressa por pequenas palavras quase sempre repetitivas.

A lesão do lóbulo frontal direito leva o indivíduo a liberar a consciência crítica, afetando a personalidade e levando o paciente a se tornar falante e intrometido, não percebendo as sinalizações do ambiente que ele incomoda.

O lobo frontal tem também importante papel na orientação do nosso próprio corpo no espaço.

As alterações da personalidade levam os indivíduos com lesão frontal a assumirem riscos descobertos e a não se aterem às regras sociais. Eles podem apresentar também desvios de conduta sensual ou perda completa da libido.

Um dano frontal esquerdo externo pode levar à pseudodepressão e uma lesão frontal direita manifesta-se como uma pseudopsicose. O lobo parietal está relacionado com a percepção sensitiva que nos permite sentir o tato, a dor ou a temperatura quando tocamos qualquer objeto e com a integração das sensações primárias que nos permitem emitir conceitos estruturais sobre os objetos que tocamos. Assim, pelo simples fato, podemos reconhecer em nossas mãos as chaves do carro, o relógio, a carteira ou o lápis que mesmo sem olhar conseguimos identificar. As lesões do lobo parietal provocam distúrbios no nosso esquema corporal e nas relações do nosso corpo com o espaço.

Uma lesão no parietal esquerdo pode comprometer nossa capacidade de apontar qual é o lobo esquerdo e qual é o lobo direito no nosso corpo ou fora dele.

PSICOLOGIA TRANSPESSOAL: VISÃO METAFÍSICA

Perdemos habilidade para fazer cálculos, para escrever ou desenhar; há perda da compreensão, da linguagem falada, conhecida como afasia de compreensão.

Lesões no lobo parietal direito levam a uma negligência corporal do lado oposto, com prejuízo nos cuidados pessoais com essa metade do corpo.

Ocorre incapacidade para se vestir e fazer coisas simples com as mãos, como desenhar uma figura geométrica no espaço usando a mão ou imitar o gesto de bater palmas, estralar os dedos, pentear-se, fazer rituais com as mãos.

Nas lesões parietais podem ocorrer em dificuldade a coordenação e acompanhamento do movimento de um objeto com os olhos e as mãos.

O lobo temporal é identificado na aquisição de memória, na percepção e discriminação auditiva, na categorização de objetos e em alguns reconhecimentos visuais.

As lesões do lobo esquerdo levam a comprometimentos da linguagem numa forma em que os pacientes têm dificuldades em nomear objetos e reconhecer palavras.

Como o lobo temporal está altamente associado à memória, as lesões do lado esquerdo provocam perda de memória verbal, enquanto as lesões do direito resultam em esquecimento de memórias não verbais como música ou desenho.

Lesões severas no lobo temporal podem provocar distúrbios no comportamento social e desvios sexuais. Em crises epiléticas no lobo temporal pode ocorrer agressividade chegando a violências e exibicionismo erótico.

O lobo temporal está envolvido também com a organização primária dos influxos sensitivos da linguagem, ficando os indivíduos lesados com dificuldade em distribuir palavras ou figurar em categorias.

É fundamental para a vida animal que o macho que conquista a fêmea tenha fisionomia que a impressione. A face permite uma identificação rápida do parceiro ou do predador. E é pela face que as expressões do humor mais facilmente se manifestam. As lesões nessas áreas trazem um tremendo prejuízo social quando o indivíduo deixa sintonizar as expressões fisionômicas que demonstram aprovação, repulsa, nojo, tristeza, ameaça, hostilidade, sedução ou revolta.

O lobo occipital é o centro da percepção visual. Aqui se processa a discriminação das cores, dos movimentos e da integração dos objetos no espaço.

Danos occipitais comprometem a visão, podendo haver perda da acuidade visual ou do reconhecimento, dos objetos, ilusões ou alucinações com distorção na forma, tamanho ou cores dos objetos e aparecimento de imagem com figuras zôo ou antropomórficas.

# TEMA 12

# O CÉREBRO EMOCIONAL
# OU SISTEMA LÍMBICO

Essa região controla os comportamentos necessários à sobrevivência incluindo a reprodução, a motivação e o relacionamento interpessoal. Sua integração com o hipopótamo permite ao animal distinguir entre o que é agradável, comestível e acolhedor e o que é desagradável, nocivo e hostil.

É por aqui que o giro olfatório registra os aromas, o hipocampo reaviva nossas memórias prazerosas e as amídalas evocam impulsos e reagem às provocações nos relacionamentos afetivos. A partir daí, ocorre aceitação ou recusa do parceiro. Nessas mesmas áreas, ocorre estimulação para as fêmeas cuidarem e defenderem tenazmente suas crias.

No cérebro emocional situam-se relacionadas todas as vivências afetivas e sentimentos. A química desses neurônios nos permite sentir amor ou ódio, alegria ou tristeza, medo, ira, pavor ou nojo, dirige desde a infância as atitudes lúdicas da criança, a vontade de guerrear dos meninos ou de construir as carinhas de boneca das meninas.

Com o desenvolvimento evolutivo do cérebro, a área cortical superior (neopolis) se expandiu exercendo um papel controlador das emoções, perdendo-se em espontaneidade e às vezes até em descompasso com os sentimentos para se ganhar em criatividade da qual se originaram as invenções em abstrações que permitiam florescer a Filosofia.

Nesse sistema límbico convém dar um destaque especial para três estruturas que de certa forma são fundamentais para a sobrevivência dinâmica emocional que imprime aos nossos comportamentos:

1. O sistema olfatório, que leva a percepção dos odores diretamente ao córtex cerebral, permitindo interpretação rápida da presença amiga ou inimiga.

2. O hipocampo, estrutura fundamental ligada ao arquivo das memórias declarativas conscientes que incluem fatos, nomes e figuras que ao longo da vida vamos registrando e apresentando.

3. Amídala, situada na intimidade dos lobos temporais, estando relacionada com emoções primitivas do tipo hostil que fazem o animal ranger os dentes para afastar ameaças, com o humor, com as respostas emocionais impulsivas conscientes e com a extensão das respostas autonômicas que os estímulos externos evocam.

As lesões na amígdala levam à perda das reações emocionais exteriorizadas. O indivíduo não esboça medo diante de um animal perigoso. Seu rosto não expressa emoção. O coração não dispara quando uma surpresa o assusta, não sente mais aquele frio no estômago quando um vulto o ameaça no disparo das reações orgânicas que demonstram emoções. Isso tem consequências sociais desastrosas.

Conforme vimos, no conjunto de funções cerebrais que enumeramos sumariamente, o cérebro, na sua extensiva complexidade, está envolvido na totalidade dos nossos comportamentos e sentimentos. Não poderia ser diferente, já que ele é o órgão que nos permite reconhecer e abordar o mundo físico onde estamos inseridos.

# TEMA 13

# O SISTEMA NERVOSO (S.N.C., S.N.P. E S.N.A.)

O cérebro é o órgão sede do sistema nervoso central. É a sede da inteligência, dos atos conscientes e da sensibilidade. Sua superfície é revestida por uma massa cinzenta denominada córtex cerebral. Conecta-se ao cerebelo e ao bulbo e tem sua continuação na medula espinhal, um grosso cordão fibroso do qual partem 31 pares de nervos, responsáveis pela captação de estímulos, transmissão e execução das ordens transmitidas pelo cérebro e, às vezes, pela própria medula.

O sistema nervoso periférico é formado pela rede de nervos que, partindo aos pares do encéfalo (Para-Cranianos, em número de 12) ou da medula Raquidiana, em número de 31, já referidos, distribuem-se pelo corpo todo.

Tanto o sistema nervoso central quanto o sistema nervoso periférico comandam ou respondem pela execução de todos os atos que obedecem a nossa vontade consciente. Comandam basicamente a musculatura "estriada", que é aquela que nos permite andar, abrir e fechar os olhos e a boca, falar, fazer "careta", andar, mover os braços e mãos, pernas etc. Ao lado deles existe um sistema nervoso autônomo, isso é, independentemente da nossa vontade consciente. O sistema nervoso autônomo é o responsável pelo funcionamento automático de nossos órgãos.

Dessa forma, coração, estômago, intestino, fígado etc. funcionam ininterruptamente sem que disso tenhamos consciência, ou sem que, em condições normais, possamos sobre eles influir. O sistema nervoso autônomo divide em dois ramos distintos: o simpático e o parassimpático ou vago.

A ativação ou "entrada em cena" de ambos os vasos se dá por meio de ordens emanadas do cérebro. Tais ordens são transmitidas pelo hipotálamo, a glândula hipófise e dessa as glândulas suprarrenais e as outras estruturas espalhadas pelo organismo.

O parassimpático, ou vago, tem como regra a função de "freio", de "acalmar" o organismo. O simpático, ao contrário, excita o organismo e prepara-o para enfrentar situações percebidas como ameaçadoras. Assim, quando ativado, o simpático, entre outras coisas, acelera e intensifica os batimentos cardíacos, aumenta a pressão arterial e, a partir da contração dos vasos sanguíneos, distribui o sangue, canalizando-o em maior quantidade para onde julgue que venha a ser mais necessário.

Esses efeitos e todos os demais são resultantes da ação do simpático e tornam-se possíveis pela ação de um grupo de substâncias chamadas catecolaminas, das quais as mais conhecidas são a adrenalina e a noradrenalina, cuja quantidade no sangue aumenta em situações de alarme ou excitação.

## 13.1 ESQUEMÁTICA DO SISTEMA NERVOSO E SUAS RESPECTIVAS FUNÇÕES NO ORGANISMO

### Sistema Nervoso Central

É o centro de todas as atividades nervosas, interpretando e comandando as relações do organismo com o ambiente.

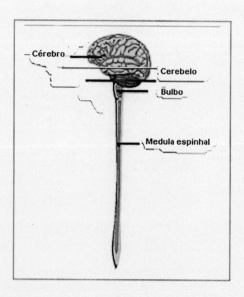

## Sistema Nervoso Periférico

Coloca o organismo em contato com o meio ambiente
- NERVOS CRANIANOS
- NERVOS RAQUIDIANOS

## Sistema Nervoso Autônomo

Relaciona e coordena órgãos de nutrição ou de vida vegetativa
- SIMPÁTICO
- PARASSIMPÁTICO

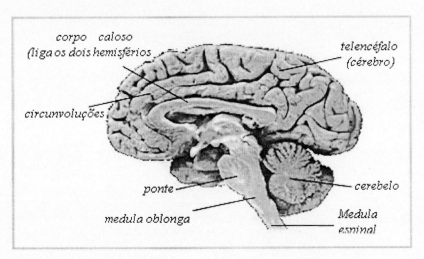

DESENHO 1: MEDULA ESPINHAL E ESTRUTURAS NERVOSAS A ELA LIGADAS (CÉREBRO, CÓRTEX, CEREBELO, BULBO, VÉRTEBRA, MEDULA ESPINHAL, GÂNGLIOS ESPINHAIS)

### 13.1.1. Relaçao entre o hipotálamo e a hipófise

Há na base do cérebro uma estrutura chamada tálamo, e abaixo dela, o hipotálamo. Esse último guarda marcada a proximidade, tanto autônoma quanto funcional, como a hipófise. Essa chamada às vezes de "A rainha das glândulas", que comanda e coordena o trabalho de todas as outras.

A noção de que as glândulas do organismo têm seu funcionamento regido pela hipófise é antiga. Só recentemente, no entanto, passou a se reconhecer que o trabalho da hipófise, por seu turno, obedece ao controle do hipotálamo e este, finalmente, age em consonância e obediência às ordens que lhe chegam do córtex e do sistema límbico.

Denomina-se sistema límbico a estrutura que faria a supervisão e coordenação dos diferentes centros reguladores das relações entre o cérebro e os outros órgãos internos (vísceras), músculos e tecidos.

O sistema límbico mantém permanente interação ou troca com o córtex cerebral. Caberia ao sistema límbico controlar as atividades do hipotálamo, o qual, a partir de substâncias chamadas neurotransmissores, levaria a hipófise às "ordens" recebidas. Assim ele estabeleceria as conexões entre a ação do cérebro e o resto do corpo.

ESQUEMA

Representação Esquemática das Relações entre o Hipotálamo e o Sistema Límbico.

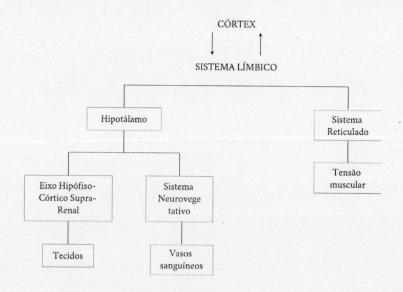

TEMA 14

# OS NEURÔNIOS

Em 1906, o espanhol Santiago Ramon Capil e o italiano Camilo Golgi foram premiados com o Nobel de medicina pela descoberta do neurônio, produzindo imagens do cérebro impregnadas com corantes à base de prata. Esses cientistas identificaram um número espantoso de células que se distribuíam pelas camadas cinzentas do cérebro emitindo ramificações que formavam redes de comunicação entre elas. Descobriu-se mais tarde que cada neurônio mantinha área de "contato" com outros milhares de neurônios a partir dos seus prolongamentos. Nesse ponto de contato chamado por Sherington de "sinapse", o fluxo elétrico que percorria um neurônio rompia as vesículas químicas armazenadas na sua extremidade, difundindo uma "mensagem" dentro de uma rede imensa de neurônios.

No desenvolvimento do feto, os bilhões de neurônios com seus prolongamentos vão estabelecendo ligações sinápticas uns com os outros. Cada neurônio tem um prolongamento principal, que dá saída ao estímulo nervoso, conhecido como axônios, e cinco a dez mil prolongamentos menores de entrada, que são os dendritos. No córtex cerebral, os neurônios se distribuem em camadas perfeitamente iguais para qualquer cérebro humano normal.

Em determinadas regiões do cérebro, sao visíveis ao microscópio seis camadas, ao passo que em outros elas se limitam a quatro. O formato e a disposição desses neurônios são caprichosamente específicos para cada camada e, ainda aqui, a semelhança de um cérebro para outro permanece surpreendente. Numa área do cérebro relacionada com a memória, conhecida como hipocampo, se centralizarmos nosso microscópio para ver os neurônios, encontraremos uma distribuição em camadas semicirculares, como que estratificadas caprichosamente e que se repetem por igual em todos os cérebros humanos.

Um dos tipos de neurônios mais fáceis de identificar é o neurônio "piramidal" das áreas motoras do lobo frontal. Eles são nossos maiores neurônios, não só pelo tamanho do seu corpo celular, em forma de uma pirâmide, como pelos seus axônios que, a partir do cérebro, se estendem por mais de um metro até atingir as porções anteriores da medula espinhal.

Para esse espantoso projeto de formação do cérebro já se conhecem algumas substâncias que estimulam o crescimento dos neurônios, mas não se esclareceu ainda as leis que permitem a cada neurônio ocupar o seu lugar com precisão na intricada arquitetura das camadas cerebrais. Mas já conseguiram as conexões a que estão destinadas.

Os anatomistas conseguiram mapear inúmeros trajetos percorridos pelos prolongamentos que cada neurônio emite.

Normalmente, eles formam conjuntos de fibras que se chamam tratos ou feixes. Esses tratos estabelecem conexões de um ponto ao outro do córtex cerebral, ou aglomerados de células, situadas ao núcleos da base. Há um caminho de ida e volta entre o cérebro e todas as regiões do restante do nosso organismo. Apelando apenas para a genética. Diante desse gigantesco número de conexões, ficamos com o dilema de saber que o número total dos genes humanos, que se estima em milhares, está muito além do número de ligações entre os neurônios que alcançam trilhões de sinapses.

Identificou-se recentemente que certas substâncias químicas funcionam como "alvos" a serem atingidos pelos prolongamentos dos dendritos ou dos axônios. As células de uma determinada camada do córtex cerebral teriam a capacidade de produzir as "substâncias atrativas" que devem ser alcançadas pelos neurônios com as quais devem estabelecer ramificações.

Outro fator neurotrófico foi descoberto a partir de experiências que comprovaram que a estimulação sensorial após o nascimento é fundamental para o desenvolvimento das projeções e da firmeza da conexão entre os neurônios. Trabalhando com fator recém-nascido que tinha uma das pálpebras suturadas, experimentalmente, ficou demonstrado que a população de neurônios que se desenvolve corresponde ao passo que as fibras correspondem apenas ao olho que enxerga, ao passo que as fibras correspondentes ao olho cuja pálpebra foi ocluída, não omitiam prolongamentos e atrofiava

PSICOLOGIA TRANSPESSOAL: VISÃO METAFÍSICA

mesmo após reabertas. Portanto a estimulação precoce ou, pelo menos, o aprendizado dentro de uma "janela" adequada de tempo é fundamental para o desenvolvimento das intricadas redes **neurais**. Isso confirma o que a experiência pedagógica vem ensinando, isso é, que a criança tem fases para o desenvolvimento e a maturação e que não pode perder essa oportunidade de ser trabalhada e ter uma chance de aprender no tempo certo.

# TEMA 15

## O ESTÍMULO NERVOSO

Desde o século passado, sabe-se que os nervos são percorridos por uma corrente elétrica desenvolvendo um potencial de ação. Essa descoberta surpreendentemente foi feita por um psicólogo pouco conhecido chamado Emil Du Bois Reymond, que, em 1843, percebeu que os nervos eram percorridos por uma corrente elétrica semelhante àquela que, em 1790, Luigi Galvani tinha utilizado para fazer contrair as pernas de sapos quando, com um choque, atingia-lhe os músculos. Du Bois Reymond provou então que era a eletricidade e não alguma "força vital" ou qualquer coisa tipo sobrenatural que percorria os nervos estimulando os músculos. Estudos subsequentes mostraram que não se trata de uma "tempestade química".

Um neurônio só responde a um estímulo quando for ultrapassado por certo limiar de excitabilidade. Um estímulo fraco não será o bastante para provocar qualquer despolarização.

O neurônio obedece à lei do tudo ou nada, ou o estímulo tem intensidade suficiente ou não há resposta nenhuma. Portanto com os impulsos, ou seja, aquele que ultrapassa o limiar de excitabilidade, o que pode variar é a frequência dos estímulos, os quais, por sua vez, criam assim um código de interpretações. O sistema computacional do cérebro é, portanto, baseado numa frequência variada de estimulação dos neurônios de uma determinada área do cérebro.

Estudos anatômicos revelam que os neurônios não se reproduzem, mas os seus prolongamentos (os dendritos) se multiplicam ou expandem ampliando o leque de contato uns com os outros. Acredita-se hoje que a memória, o aprendizado e tanto as nossas maiores como as menores aptidões estão ligadas a essa possibilidade de fortalecimento das ligações sinápticas e à expansão dos brotamentos de dendritos numa constelação de neurônios.

Provocando estimulações que desencadeiam "potenciais de longa duração", os cientistas confirmaram pelo menos dois processos de fortalecimento da sinapse e de reforço dos neurônios, que teriam muito a ver com a aquisição de memória. Estudos químicos constataram que, em neurônios estimulados, são liberadas substâncias específicas que "abrem" as sinapses, ampliando a atuação dos neurotransmissores (reforço sináptico) e, com o auxílio do microscópio eletrônico, comprovou-se que ocorre o aparecimento de novas sinapses decorrentes da formação de "brotamentos" nas ramificações dendríticas.

Nos indivíduos normais, particularmente após os 18 anos de idade, acredita-se que morram cerca de cem mil neurônios por dia.

Aos 80 anos, cada um de nós deverá ter perdido mais de 300 gramas de cérebro, justificando a atrofia cerebral do idoso.

Com o que se sabe hoje sobre a "estimulação cerebral", comprovou-se que o fortalecimento da atividade de um neurônio e suas consequentes sobrevivências estão ligados ao seu "reforço" que se consegue pela estimulação com potencialidades de longa duração. Esse comportamento é muito próximo aos mecanismos de seleção natural, privilegiando o mais apto, proposto por Darwin para a sobrevivência das espécies. O reforço bioquímico das sinapses e o aumento dos brotamentos de um neurônio o manterão mais apto para a sobrevivência.

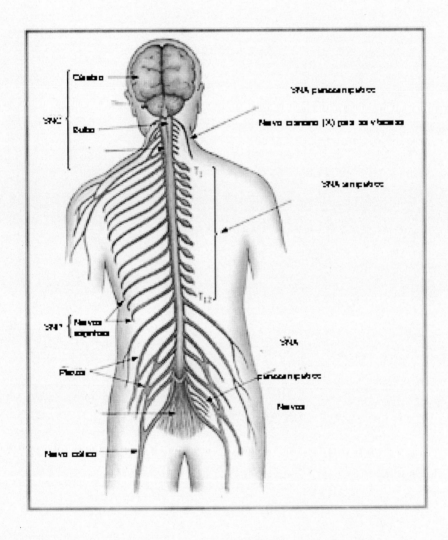

# TEMA 16

## A MENTE HUMANA: PARADIGMA TRANSPESSOAL

No contexto da abordagem que fiz sobre a mente, sobressai um processo contínuo de desenvolvimento do conhecimento de várias áreas.

Na Psicologia Transpessoal, compreendemos que somos seres espirituais e que nossa mente é a expressão dessa entidade fundamental que produz a energia imaterial criadora das nossas ideias.

O corpo é instrumento da nossa vontade, que nos permite vivenciar a experiência física no mundo em que vivemos. Ambos (mente e corpo) estão submetidos a leis de progresso incessante para todos.

O corpo é perecível, enquanto a mente, como expressão da nossa alma, sobrevive à morte e renova suas experiências na dimensão física e na erraticidade.

O pensamento é energia que expressa nossos desejos. Somos sensibilizados por estímulos externos que desencadeiam percepções cerebrais de vários matizes. As cores, os sons, os sabores ou os afetos geram em nós sensações que despertam desejos, criam ideias e organizam pensamentos que expressamos pela linguagem. Essa experiência sensorial nos permite desenvolver reflexos, hábitos, instintos, automatismos, discernimentos, raciocínios e, finalmente, a inteligência e a convivência social num processo evolutivo do ser unicelular ao homem com seus bilhões de neurônios. Por efeito das vibrações que emitimos ao pensar, estamos obrigatoriamente ligados, por sintonia mental, a todas as criaturas que no mundo inteiro pensam como nós (pensamento coletivo). O conteúdo de qualquer pensamento materializa ideias em ondas mentais que nos acompanham como uma atmosfera psíquica. Somos os responsáveis diretos por esse ambiente psíquico que criamos às custas dos nossos desejos. Somos livres para pensar e induzir os outros a pensarem como nós. Porém somos escravos das ideias que fixamos para nós mesmos e das sugestões que nos incomodam.

O nosso corpo material é constituído de células que se aglutinam sob o comando da mente que reflete sobre elas as vibrações das ideias que produz. Portanto o nosso organismo é reflexo da vida mental que elaboramos para nós mesmos.

Cada um de nós recebe, para nascer e viver, de acordo com seus compromissos, uma cota de vitalidade por conta do "princípio vital" que é fonte de energia divina que sustentará a vida orgânica dentro do prazo que nos for concedido viver.

A interação entre a mente e o corpo é processada pela energia do espírito decifrada pelas células do corpo físico.

Todas as nossas atitudes implementam memórias na alma que, boas ou más, vão repercutir na estruturação de novos corpos que vamos ocupar no futuro. Assim, as lesões congênitas são reflexos de nós mesmos ao permitirmos desvios com o próximo, repercutindo inexoravelmente em nossas vidas e exigindo mais tarde resgate; pois as doenças do corpo ou da alma são processos de aprendizado e iluminação da alma.

As doenças do corpo ou da alma são processos de aprendizado e iluminação da alma.

# TEMA 17

## PSIQUISMO E CRIATIVIDADE

O processo criativo mental é de ordem tão complexa e praticamente inatingível pela nossa ciência que procurar analisá-lo ou defini-lo em nossas medidas psíquicas é obrigarmos a uma busca de conceitos e hipóteses.

Quando o homem já vem desenvolvendo pensamentos dessa natureza, buscando atender às suas inquietudes intelectivas diante do ainda inatingível, o caminho já se encontra aberto para a investigação, para a lógica dos fatos, enfim, para um entendimento, mesmo que represente uma posição primária.

Pelo que hoje conhecemos do psiquismo humano, desde o processo inicial de conscientização (primitivismo) até as atuais demarcações que a mente profundamente oferece, podemos atualmente tentar avaliar as suas fontes criativas, ao menos de modo restrito.

O processo criativo terá origem nas camadas profundas do psiquismo, em plena massa da zona do inconsciente, o que vale dizer: no estofo do próprio espírito.

É na intimidade das camadas mais profundas do psiquismo, nos vórtices dinâmicos construídos com os sedimentos das nossas experiências, que a chama criativa terá sua origem. Não como ideia intelectualizada, mas como impulso dessa específica e superior dimensão. Assim nos referimos porque as camadas do psiquismo apresentariam diversos degraus demarcatórios pelas mudanças dimensionais, à medida que nos deslocamos da periferia ou zona material (zona consciente) para o centro.

No centro do psiquismo, a energética seria purificada, por onde as energias mais expressivas do cosmos pudessem influenciar o caminho evolutivo da organização da sua zona central. As energias divinas poderiam impulsionar e abastecer a organização humana, embora sem a percepção consciente dessa mesma organização.

Nessa zona central, zona do inconsciente puro, região do autêntico "Eu" a representar a individualidade, haveria comandos, impulsos orientadores para a zona imediata que lhes cerca e onde vamos encontrar as fontes criativas, os núcleos energéticos das construções do espírito. Nesse núcleo, por nós denominado de núcleo em potenciação, fixador e ampliador nas diversas etapas pretéritas (reencarnatórias), existiria um expressivo metabolismo, uma elaboração transcendente ao nosso conhecimento e avaliação. Dessas fontes partiriam impulsos que, de camada em camada no próprio psiquismo, buscariam a tela periférica ou material, local onde a zona consciente repousa e reconhece a existência do fato em sua apropriada dimensão.

O processo criativo residiria nas raízes do espírito, em específicas elaborações, e com ele estaria o feixe de energia afetivo-emocional. Em todo o processo criativo refletem-se paixões e alegrias como, também, sofrimentos e tragédias. Tudo isso de acordo com o grau evolutivo do ser e seu arcabouço psicológico. É nessa rede de demarcação do biótipo psicológico que a personalidade expressa os momentos criativos.

O arcabouço da personalidade – de acordo com a possibilidade que carrega consigo de conhecimento e vivências diversas – adaptará o momento criativo em face da sua própria estrutura. Vale ressaltar que essa estrutura oferecerá variações mostradas, principalmente, na classe dos extras ou introvertidos, quer pertençam ao grupo dos infranormais, normais ou supranormais; levemos em consideração também os graus imensos de variações evolutivas que os tipos por si só demonstram, embora dentro de uma mesma classe.

Em nosso planeta, sabemos das restrições pela nossa insuficiência evolutiva. Não existe nessa gleba planetária indivíduo que não carregue imperfeições, posições a conquistar, conhecimentos a adquirir. Daí, não existem humanos em posição absolutamente perfeita, de perfeita saúde física e psíquica.

Existem variações (degraus) e sabemos que o nosso planeta é reconhecidamente uma escola e, como tal, não é gleba exclusiva de mentores e orientadores. Os seres, mesmo os de maior evolução (hominais) no planeta, encontram-se em constante atrito, o que traduz ausência ou, pelo menos, muito pouca expressão, claridade evolutiva e pureza psíquica.

Como estamos mergulhando nas energias divinas, a nossa meta é buscá-las na infinita escala do percurso evolutivo (isso seria a busca do reino de Deus). Para isso, necessitamos cultivar as nossas posições internas mais íntimas, buscando formar, antes de mais nada, o reino do Ego, da individualidade, evitando que as nossas criações não representem apenas caprichos e negatividade. Só se alcançará o reino de Deus após a conquista do reino do "EU".

As grandes criações estão bem expressas nos pensamentos filosóficos e científicos, nas artes em geral e, de modo mais expressivo, na pintura e na música. O modo pelo qual as criações se efetivam é na maioria das vezes de difícil avaliação. A criação é espontânea e quase nunca elaborada e trabalhada; a elaboração poderá dar-se na zona consciente com a respectiva e necessária adaptação e composição, pois o momento criativo que se faz na profundidade psíquica é o que poderíamos denominar de extravasamento espiritual.

É claro que existirá uma conduta, como uma trilha de trabalho nas áreas do psiquismo periférico, seguindo-se o anseio de realização que, espontaneamente e quase sem medidas apropriadas, desponta como força criadora e precisa dos recônditos da mente.

A criação, segundo a necessária elaboração, é bastante variável de indivíduo para indivíduo. Os criadores de ideias, de técnicas e também das obras de arte são unânimes em informar que os pensamentos, em qualquer das atividades humanas, se mostram como que instantaneamente, como um iceberg emergente. Esse, à medida que vai se ampliando, mostra o seu contorno e estrutura e reflete o processo da mecânica individual, ou seja, a elaboração psíquica.

Muitos criadores de ideias, compositores, cantores, pintores etc. falam de uma criatividade intuitiva bem própria. Outros tantos falam das criações como se recebessem um auxílio. Pablo Picasso confessava que muitas das suas criações iniciaram-se como se alguém estivesse ao seu lado acompanhando o processo e a desenvoltura do trabalho, porém, quando o caminho se encontrava definido e a obra na fase final, estava sozinho e sem colaborador.

As criações musicais, como outras construções do psiquismo, obedecem, na maioria das vezes, ao mesmo ritmo laboral. O músico sente uma necessidade inexplicável de extravasamento e as sinfonias "despontam", "brotam" e, às vezes, o processo vai se efetivando de tal maneira que chega a surpreender o próprio criador (o criador chega a pensar que foi auxiliado). Entretanto devemos considerar também os casos nos quais existe uma legítima elaboração premeditada e cultivada nos arraiais da zona consciente, como exclusividade de sua zona dimensional.

Os obreiros do pensamento e técnicas científicas têm os seus momentos de grande despertar interno, principalmente quando as correntes de pensamento estão cercadas de potentes emoções e dos mais expressivos sentimentos. Isso também é válido diante dos grandes sofrimentos e dores, parecendo existir uma vibração específica a ferir os recônditos do espírito na movimentação das fontes de uma energética sublime e o indivíduo é embalado numa "necessidade íntima", de algo que reclama exteriorização, mas que também é construção. Esse processo vai se fazendo em segurança e com ritmo harmônico. É como se o trabalho fosse sendo elaborado numa escala de oração, de preces à natureza.

Sabemos que muitas dessas criações são despertadas e mesmo inspiradas por vibrações externas que podem sintonizar com a camada psíquica profunda ou transcendental. A camada transcendental só poderá ser penetrada por energias afins, por elemento espiritual capacitado em despertar e harmonizar as fontes internas, após a ativação dos sentidos periféricos, o que propiciaria o "despertar" nos cadinhos específicos do psiquismo. Isso é bem mais comum nas artes, cujos sentidos são elaborações de fácil compreensão e de entendimento pelos analisadores dessa mecânica.

Quando a criação é exclusivamente ligada ao indivíduo, ou seja, sem nenhuma interferência externa, podemos denominá-la de imaginativa. Esse tipo de criação está sempre carregado de símbolos e reações que demonstram a presença do psiquismo de profundidade, com seus alicerces, progressivas cargas arquetípicas, bastante ricos de exteriorizações transcendentais.

As pinturas chamadas modernas muitas vezes exteriorizam e demarcam símbolos, mas sem o devido conteúdo artístico, como se fossem imagens primitivas. Para que o conteúdo possa mostrar o colorido da arte, deve

PSICOLOGIA TRANSPESSOAL: VISÃO METAFÍSICA

transmutar-se, falar aos sentidos nas cores tocantes e nas formas adequadas pela elaboração das camadas mais externas do psiquismo.

Como esses processos despontam em nosso psiquismo? Haverá, por motivo de finalidade evolutiva, uma constante corrente produtiva que nem sempre se mostrará na estrutura da zona consciente ou psiquismo de periferia. É claro que existirá a mecânica criativa, impulsora de extravasamento. Ela partirá das camadas mais internas do psiquismo, isto é, das zonas transcendentais que podem ou não ser aproveitadas.

Após o impulso, a corrente criativa tenta jogar-se na periferia, porém tendo que atravessar camadas diversas, ou melhor, dimensões cada vez mais condensadas. Por isso, o ritmo de ideias se vai estruturando para que a zona consciente possa absorver a mecânica elaborativa. Quando o arcabouço psicológico do ser não apresenta condições perceptivas, o componente desestrutura-se, não conseguindo adaptar às energias do conteúdo criativo. Essas energias podem apresentar-se sob forma de lampejos, sem fixação, imensamente fugazes. Desse modo, percebemos que as diversas camadas do psiquismo vão interferindo no processo e se deixando atravessar pela corrente dinâmica que, ao sofrer a filtragem, se vai adaptando e canalizando-se para a devida e apropriada demonstração nos grupos neuronais específicos – a "tela" de nossas percepções.

Existiriam dentro do processo criativo duas condutas laboratoriais: a de caráter estritamente interno em específica metabolização no soalho das aptidões do próprio espírito e a criação despertada por influências externas. As influências externas podem ser expressões das vibrações do meio em que vivemos, principalmente as de caráter espiritual. Isso quer dizer que entidades espirituais podem despertar com suas gamas vibratórias específicas o processo criativo e, muitas vezes, transferir ao receptor não só o impulso, mas, também, as ideias elaboradas, respondendo por autênticos processos mediúnicos de caráter intuitivo.

A Psicologia tradicional dos nossos dias ainda não tem condições para avaliar, com segurança, o mecanismo em questão, pois são elaborações que se processam em dimensões mais avançadas e desconhecidas da região do inconsciente. A nossa zona consciente (zona das manifestações intelectivas) não pode estender seus tentáculos pesquisadores até as fontes mais profundas e ocultas da vida, encravadas nos arcanos do psiquismo – daí a grande dificuldade que sentimos quando procurarmos traduzir a estrutura do processo criativo com o nosso intelecto, que é uma zona reduzida e limitada em relação aos outros campos do psiquismo.

No futuro, as áreas do psiquismo descerão seus véus quando o homem adquirir novos potenciais evolutivos, principalmente os de caráter moral. Os segredos da vida só serão percebidos pelos categorizados, os possuidores de reais virtudes para que as estruturas sejam reverenciadas e a obra divina preservada e respeitada. Enquanto a nossa pesquisa for comandada por razões e "porquês" da vida, só podemos atinar com os efeitos. Mas as causas ficarão escondidas, aguardando os nossos passos mais seguros, harmoniosos e sem egoísmo, com humildade e entendimento universal. O homem só atingirá esse nível muito mais elevado de conhecimento e maturidade quando tiver compreendido a sua função cósmica e estiver liberto de seus rasteiros instintos. Assim, ele poderá acessar com muito maior liberdade e sem tantas limitações o processo de criatividade pela harmoniosa manifestação que os fenômenos e a mecânica da vida exigem.

## 17.1 PSIQUISMO UMA VISÃO TRANSPESSOAL

A psiquê humana continua sendo misteriosa e segue a desbravar as zonas da superfície, isso é, a região para onde se afirma a tela consciente representada pelos órgãos nervosos conhecidos. Apesar das criteriosas observações, isso constitui terreno de difícil avaliação. Já conhecemos muitas dessas estruturas em seu aspecto morfológico, entretanto as condições fisiológicas são quase que totalmente desconhecidas.

Sabemos desde o início do século que o psiquismo não se limita às palpáveis e visíveis organizações nervosas, mas que é também uma poderosa energética que, avaliada em sua potencialidade, é comumente conhecida como sendo a zona do inconsciente. Essa última zona, apesar da sua específica característica energética e da impossibilidade de percepção pelos sentidos comuns, pode ser avaliada pela consequência de seu interno dinamismo e pelos fatos daí decorrentes.

PSICOLOGIA TRANSPESSOAL: VISÃO METAFÍSICA

A riqueza estrutural do psiquismo é de tal expressão que os estudos da psicologia, mesmo os de maior simplicidade, habitualmente estão alicerçados nos conhecimentos que as zonas do consciente e inconsciente podem oferecer. Essas duas zonas, embora vivendo em trabalho conjunto, aqui podem afirmar-se em determinados ângulos, deixando transparecer o que pertence ao consciente e ao inconsciente. Daí pode-se "qualificar" a fenomenologia psíquica.

Muitos dos que se encontram com a fenomenologia psíquica possuem, mesmo assim, muitas dúvidas de como enquadrar as correntes energéticas que nela transitam.

De tudo isso, decorrem muitos erros de avaliação sobre os fenômenos desenvolvidos no psiquismo. Aliás, um dos maiores erros cometidos por algumas correntes psicológicas é o de considerar a zona inconsciente como sendo consequência do trabalho e formação da região consciencial. A zona consciente é que deve ser considerada como resultado, consequência do trabalho, informações das energias do inconsciente.

O inconsciente é imensurável, o consciente é visivelmente limitado. O inconsciente é um oceano cósmico, envolvendo a pequena e diminuta ilha condensada do consciente. A grande fenomenologia, a corrente do psiquismo, tem a origem no inconsciente e manifesta o seu potencial em projeção no consciente para o conhecimento intelectual, enquanto que a fenomenologia inconsciente é imensa de riqueza energética inenarrável, como que mostrando fontes criativas de "conteúdo volumétrico". Nessa zona inconsciente, a percepção seria de englobamento total, sem limites, fornecendo em síntese o vórtice criativo, enquanto que a zona consciente teria, pelas suas telas, manifestações analíticas, reduzidas, comprimidas e simplificadas dos vórtices.

O inconsciente seria mais antigo que o consciente e, por isso, de energética mais vivida pelas múltiplas aquisições que as vivências do consciente podem a todo minuto oferecer.

Pelas características da mecânica psíquica, o inconsciente nada perderia e estaria absorvendo constantemente todo o trabalho, experiência e as múltiplas aquisições do psiquismo. O consciente estaria sujeito à destruição, enquanto o inconsciente seria indestrutível e veículo constante das aquisições evolutivas de determinado ser. O consciente seria o setor de trabalho da personalidade, enquanto o inconsciente representaria a individualidade.

A individualidade continua indestrutível, enquanto a personalidade se desfaz com a morte do corpo. O inconsciente, como energia, prosseguirá mesmo após a morte do corpo e, como individualidade, estará adquirindo experiências e valorizando a evolução a cada nova etapa em nosso corpo ou personalidade.

Podemos dizer, portanto, que o consciente faz parte da matéria e o inconsciente, da alma. O consciente é da zona corpórea visível e o inconsciente é o espírito invisível e imortal. A zona inconsciente é energética espiritual, fonte da intuição e das manifestações psíquicas volumétricas de totalidade.

O nosso conhecimento consciente é que nos dá o ponto de avaliação e de observação dos casos e dos "fatos da vida". Por ser zona de poucas possibilidades, não possui as condições de avaliação integral da zona espiritual ou do inconsciente. O consciente é passageiro e o inconsciente ou espírito é permanente. O inconsciente, sendo permanente, está sempre em crescimento pelas aquisições; consciente, sendo temporário, está limitado à vida no corpo.

Apesar de tudo, uma zona necessita da outra e ambas encontram-se em contínuo aprimoramento. Ambas refletem mutuamente as grandes necessidades da criação: o maior e mais evoluído – o espírito – orientando o menor ou menos evoluído, que é o consciente.

Aqui está uma das chaves para o desenvolvimento psíquico: o consciente obedecendo ao farol espiritual que o ilumina e o orienta. Sendo espírito, o senhor da fenomenologia psíquica necessita do vassalo como campo construtivo de trabalho e afirmação evolutiva.

É nesse psiquismo de zonas específicas, de aspectos fragmentados (fatos conscientes ou inconscientes) ou de campo unificado (quando um trabalho energético de profundidade engloba a totalidade do psiquismo), que ocorrem os chamados fenômenos parapsicológicos.

A propósito, as manifestações parapsicológicas são fenômenos que se desenvolvem na energética do inconsciente ou espírito e transferem-se à zona consciente, a fim de mostrarem-se presentes, embora tendo que sofrer as naturais reduções e adaptações dimensionais. Isso quer dizer que a fenomenologia parapsicológica seria própria da zona espiritual, podendo tornar-se consciente à maneira de tomarmos conhecimento desse fenômeno e participar de suas avaliações atuais. Com isso, haveria uma redução fenomênica quando da transferência de um campo mais expressivo para um campo de menor possibilidade quanto à manifestação.

Estamos a sentir que a zona consciente, campo da análise intelectiva, embora participe de um determinado fenômeno que se desenvolva na zona espiritual, é campo de possibilidades menores e campos reduzidos, e, por isso, jamais poderia conter em seu bojo o campo maior da zona inconsciente.

Em outros termos, o inconsciente jamais poderia ser uma consequência da zona consciente, conforme afirmativa de muitas escolas psicológicas. A zona do consciente seria, antes de qualquer coisa, uma tela restrita a projetar alguns fatos da zona inconsciente ou espiritual.

A zona espiritual ou do inconsciente, por sua vez, é possuidora de intenso vórtice dinâmico porque carrega consigo as experiências de nossa personalidade traduzidas nas etapas da poligenética a que estamos sujeitos dentro da mecânica evolutiva.

Os limites apresentados pela zona consciente são um bem necessário, pois permitem ao homem desenvolver suas atividades psíquicas sem o conhecimento e interferência direta dos imensos blocos de energias que carrega consigo.

A atual etapa evolutiva em que o homem se encontra não permite maiores "voos".

## 17.2 REPRESENTAÇÃO ESQUEMÁTICA DAS CAMADAS DO PSIQUISMO OU MANDALA DA MENTE

Toda estruturação da fenomenologia parapsicológica dos dias em curso tem demonstrado aos pesquisadores, sem sectarismo e ideias preconcebidas, a direta participação do nosso psiquismo de profundidade.

Como podemos afirmar a presença de uma zona consciente, de característica material, de nosso psiquismo, também existirá a parte energética do inconsciente. Do ponto de vista de uma melhor avaliação, existiria um verdadeiro degradê dimensional, desde a zona física ou corpórea do consciente até a zona do inconsciente. Isto é, quanto mais próximo da periferia onde se situa o consciente, maior será a condensação e quanto mais próximo do centro da zona inconsciente ou espiritual, mais delicada e quintessenciada será a energética psíquica. Logo, a partir do centro até a periferia onde estará o corpo físico, as zonas iriam sofrendo um processo de densificação. Quanto mais no centro, maior será o potencial psíquico, quanto mais na periferia, mais reduzida e limitada a mecânica de todo esse fenômeno. Quanto mais para dentro, na zona inconsciente ou espiritual, maior será a riqueza fenomênica quanto mais para a periferia mais limitada será a casuística psíquica.

As grandes desenvolturas psíquicas encontram-se no centro espiritual em evoluídas estruturas dimensionais, na periferia corpórea do corpo consciente, estão as reduzidas "manifestações intelectivas". Os fenômenos conscientes, pela condição intelectiva do que se acham revestidos, são tipicamente psicológicos, enquanto a fenomenologia da zona inconsciente, muito mais nobre e extensa, de difícil avaliação intelectiva e de posição dimensional mais elevada, é tipicamente parapsicológica, isso é, desenvolve fenômenos que transcendem ao conhecimento psicológico comum.

Ainda temos bastante dificuldade de explicação e avaliação dos fenômenos da zona consciente, dos fenômenos intelectivos, baseados em análises psicológicas. O que dizer da fenomenologia que se situa em zonas profundas e mais evoluídas (em termos de dimensão) do inconsciente, berço da mecânica parapsicológica? E ainda, o mais difícil de tudo é traduzir a fenomenologia parapsicológica com a possibilidade da zona consciente. Por isso mesmo que os aspectos psicológicos das zonas conscientes apresentam tonalidades próprias aos sensíveis, ou médium, e quase sempre sem controle da sua vontade. É claro que o sensível ou o médium treinado coloca-se em posição psíquica passiva, a fim de facilitar a eclosão do fenômeno, mas, com raríssimas exceções, não tem capacidade para comandar o processo. Esse eclode diante de certas possibilidades e atitudes por parte do sensível ou médium, em que a posição emocional, concentração mental e disciplina de pensamento pode favorecer o processamento nos campos vibratórios do psiquismo.

Como essa mecânica poderia ser explicada? Lancemos mão do esquema para definir os respectivos campos do psiquismo.

O psiquismo humano seria constituído de tais zonas distintas, em face à fenomenologia observada: a zona consciente e do superconsciente e do inconsciente, essa última zona devido à importância de que se acha investida e por denominar e orientar o cenário do psiquismo poderia chamar-se de metaconsciente, entretanto, para evitarmos novos termos que permitiriam certas confusões de apreciação, ficaremos na denominação aceita pelas diversas escolas psicológicas.

O esquema anexo poderá nos dar uma ideia de situação e existência das camadas do psiquismo. A zona consciente estaria ligada aos órgãos nervosos da cabeça, por onde se distribui os centros nervosos, a medula espinhal, gânglios, cérebro – espinhais, demais expansões nervosas e todo o sistema simpático e parassimpático.

Por essa maneira, encaramos o consciente como constituído de todos os elementos nervosos do organismo. É bem verdade que o resultado do trabalho consciente está ligado, praticamente, aos centros nervosos mais categorizados do encéfalo, para onde os demais elementos nervosos contribuem em maior ou menor grau; por isso consciente. Os centros nervosos do consciente são estações de controle do funcionamento de determinado departamento do organismo, quer se trate de um simples movimento do dedo, quer de uma função especializada. Tipo visão, audição ou, mais ainda, estações ligadas aos departamentos glandulares e à vida de nutrição no equilíbrio metabólico do organismo.

Desse modo, a zona consciente representa não só as localizações encefálicas, mas também qualquer outra situação em que haja elementos nervosos que se responsabilizem diretamente por um setor ou pequeno ângulo de atividade orgânica.

Apesar de todas as maravilhosas funções de zonas conscientes, sentimos as suas limitações, como que colocando o homem em determinados padrões, em que sua atuação alcançaria apenas o horizonte dos cinco sentidos. Os dinamismos existentes além das fronteiras de perceptibilidade da zona consciente, por não lhe dar participação, passariam a ser o desconhecido inabordável, sem o interesse para a maioria.

A tendência atual, aliás, com lógica, é de se pensar que as funções conscientes são resultado de um trabalho conjunto de grande parte do córtex. Existem centros, zonas no córtex que respondem por determinadas funções; são conhecidos os centros de visão, diversas zonas motoras, como também sensitivas, porém as funções elevadas do psiquismo são

## PSICOLOGIA TRANSPESSOAL: VISÃO METAFÍSICA

consequência da totalização do trabalho, não dependendo de áreas propriamente circunscritas, atingindo, principalmente os mecanismos que se passam na base cerebral e de modo especial no lóbulo límbico. São muito interessantes as palavras de Goldstein, crendo que os centros nervosos trabalham em conjunto e que uma função não se enquadra numa estrutura. A zona ou centro de córtex unicamente daria matizes ao processo total em desenvolvimento. A conclusão do trabalho psíquico consciente, a coordenação da ação cerebral dar-se-á às expensas do sistema centro – encefálico. Os naturais lógicos e variados aspectos da consciência que a todo o momento se expressa estariam nas oportunidades do circuito por toda a massa cerebral. Temos consciência diferente a todo o momento, levando-nos a concluir das variações de ativação e inibição dos neurônios. O cérebro deve ser considerado como uma estrutura – efeito e não a causa de funções. Seria a tela de manifestações, movimentando os seus impulsos nervosos e influenciando por correntes ondulatórias de profundidade sem suporte material, fazendo-o vibratoriamente.

Sente-se perfeitamente que as funções psíquicas da área consciente hoje se expressam em seu ponto máximo pela zona cerebral intermediária situada entre os lóbulos frontais e demais estruturas encefálicas; zona que atingiu sua plenitude de trabalho nas manifestações e consubstanciações das energias motoras, telas projetoras de esforço e da vontade, enquanto que a zona medular foi campo iniciado da manifestação psíquica, sendo hoje de reflexo e de automatismo. Os lóbulos frontais representam zonas novas e em desenvolvimento, albergando material de ordem superior e desconhecida. À medida que nos deslocamos da zona mediana encefálica para os lóbulos frontais, observamos enriquecimento de funções psíquicas, em que a zona que antecede e se mescla nos mesmos lóbulos frontais pode ser responsabilizada pelas faculdades superiores da memória, da razão do discernimento e do ponto mais alto do pensamento analítico. Daí iriam adquirindo novas aquisições evolutivas, respondendo pelo pensamento sintético – intuitivo ainda em fase inicial na espécie humana.

Como o superconsciente, entendem um consciente mais potente e que somente agora está desabrochando para a humanidade terrestre, expressando-se com exuberância nos indivíduos verdadeiros das civilizações.

As zonas do superconsciente estariam encarregadas das imagens do trabalho de síntese, de intuição normal no homem do futuro. O superconsciente possuiria a propriedade de não analisar os fenômenos para depois colocá-los nos devidos lugares, e, sim, de senti-los diretamente, numa total e definida percepção. De modo que podemos considerar as suas respectivas zonas interligadas a tal ponto que o resultado final, à conclusão de seu trabalho, só se daria após participação de todos os componentes psíquicos.

Devemos reconhecer, entretanto, a influência da adequada arquitetura que o arcabouço anatomofisiológico de um ser mais evoluído possui. Os pensamentos e diversos atos desses seres são precisos, os diversos problemas da vida são resolvidos momentaneamente em comparação com o homem analítico, que é todo consciência, necessitando, muitas vezes, de tempo para uma pequena solução. São por assim dizer seres mais sentimento que intelecto, mais percepção que análise e, por isso, os melhores e mais profundos pensamentos são instantâneos como que inspirados.

Nas realizações do subconsciente, além da percepção, há o impulso, há a necessidade de efetivação. É algo comandando o inconsciente que cede diante da energética que a pressiona; pressão que será tanto maior quanto mais expressivo for o esforço das energias da zona inconsciente, a aumentar o volume no impacto na zona respectiva do inconsciente. Assim, consciente e superconsciente não são mais do que as telas em que se projetam as correntes psíquicas de profundidade dando as impressões que lhe são próprias. No consciente, a impressão é analítica, densorada sem profundidade _ afirmação dos nossos dias; no superconsciente a impressão é de síntese com visão de todo o fenômeno em busca de sua essência _ realidade dos dias futuros.

No inconsciente, teríamos o ponto de partida do dinamismo do psíquico interno, desde há muito estabelecido pelas ciências, que reconheceram sempre a necessidade desse importante fator nas explicações das questões psicológicas; naturalmente com denominações diferentes, de acordo com o modo de sentir dos diversos estudiosos do assunto. Assim, Geley denominou essa energética de dinamismo psíquico essencial e Crookes qualificou-a de força psíquica.

PSICOLOGIA TRANSPESSOAL: VISÃO METAFÍSICA

Segundo nosso modo de entender, divisamos vários comandos no inconsciente, merecedores de citação nesse artigo: o inconsciente atual, o inconsciente passado e o inconsciente puro.

O inconsciente atual ou presente circunscreve inteiramente a zona consciente, com o qual mantém íntimos contatos. Damos essa denominação por traduzir o laço fisiológico bem próximo, no tempo que mantém com a zona consciencial. É uma zona cujos elementos definem uma área perfeitamente caracterizada com acentuada dinâmica e mecanismo próprio. Pelas trocas constantes que se passam nessa zona, ela se torna facilmente evidenciável, mediante experimentos psíquicos apropriados, que marcam e deliberam sua presença, ao tempo que a qualificam como sendo uma das faixas vibratórias do espírito. Daí, a fenomenologia normal e patológica do psiquismo profundo encontra nessa zona um dos locais de evolução para sua manifestação. É nessa faixa energética que os diversos e variados processos, como também as doenças da alma, ocupam posição de destaque, em que os grandes neuróticos são seres comuns em nossa sociedade moderna.

No inconsciente atual, possuindo em grau elevado todas as características funcionais do superconsciente, teríamos uma zona de proteção, não para os comandos do consciente e superconsciente, mas ainda para as zonas mais profundas do inconsciente. Seria também uma área reguladora das trocas entre os dois mundos – exterior e interior – refletindo, naturalmente, tudo que existe de normal, como também se tornaria, em caso de desarmonia energética, uma barreira penumbrosa com exteriorização de gases desalinhos.

A segunda zona, o inconsciente passado ou arcaico, sobrepuja integralmente a zona já descrita, suplantando-os funcionalmente. É nessa zona de maior dinâmica que situamos os arquivos das qualidades adquiridas a partir das etapas palingenéticas da individualidade.

Todas as experiências que o indivíduo adquiriu e que se concretizaram sobre a forma de focos energéticos teriam sua sede psíquica nessa zona. Os focos energéticos não seriam mais do que vórtices de especificado dinamismo, por nós denominados de núcleos em potenciação. O conjunto desses núcleos, esse fabuloso feixe de energia específica, constitui as fontes das energias espirituais nos núcleos em potenciação, estariam gravados e fixados às experiências e às reações da humanidade desde os seus primeiros vagidos.

Pela sua localização, o inconsciente passado só manterá contato direto com as zonas que lhes são contíguas, isso é, com o inconsciente atual e inconsciente puro jamais estabeleceria contato com a zona consensual, a não ser indiretamente a partir do inconsciente atual. Os limites existem, as faixas vibratórias se definem perfeitamente, embora não haja verdadeiro isolamento de zonas conforme estamos apresentando nesta descrição. Assim, existe, em parte, pequeno analítico para a compreensão da engrenagem psíquica. Mister se faz dizer que as energias do inconsciente passado ao atravessarem o inconsciente atual modelam-se de acordo com as funções deste, porém não perdem as características pessoais, nem a própria organização fisiológica que possuem.

Centralizamos as atividades de todo psiquismo nos núcleos em potenciação que, por sua vez, obedecem aos influxos sadios e perfeitos do inconsciente puro. Desse modo, os núcleos em potenciação, as fontes energéticas do inconsciente passado, teriam origem numa concentração vorticosa de emissão energética do inconsciente puro. A construção desses núcleos se dá pela absorção de qualidades em volta de seu centro. Não deve haver acúmulos energéticos e respectivos crescimentos, porém potencialidades adquiridas a partir da experiência nos reinos: mineral, vegetal e animal, para que no homem possa expressar-se em sua plenitude a categoria de que são investidos. Tudo indicando, pela disposição topográfica do Eu (gravura anexa), que as zonas dos núcleos em potenciação, zona do inconsciente passado ou arcaico, é a mais credenciada ao recolhimento dos frutos das experiências das vidas físicas, para incorporá-las, posteriormente, depois de construídas integralmente, à zona do inconsciente puro, a essência do Eu. Os núcleos em potenciação cresceriam à custa do material de experiência e vivência que o consciente iria fornecendo ao inconsciente. Nessa região sob a orientação das camadas profundas do inconsciente puro, nasceriam vórtices energéticos, manifestação inicial dos núcleos em potenciação, unidades-base da vida eterna. No encontro das forças internas e externas, o cabedal espiritual iria crescendo, agigantando-se, em busca da perfeição.

PSICOLOGIA TRANSPESSOAL: VISÃO METAFÍSICA

As miríades de núcleos em potenciação, pertencentes principalmente ao inconsciente passado, teriam, além de uma vibração comum a todos eles, uma diferença de intimidade própria de cada um, que se traduziria por mais ou menos sutileza vibratória. Assim, pela intensidade de irradiação conjunta pelas possibilidades de chamamento na tela consciencial, adquiririam maiores potenciais de experiências, angariando dotes para o arquivo espiritual, neutralizando erros, repetindo tudo o que não foi bem fixado, não importando o tempo gasto para tal fim, mas conseguem realizar em poucas etapas palingenéticas aquilo que os outros teriam necessidade de uma centena para consegui-lo. O que realmente vale, o que realmente tem importância, não é o número de reencarnações pela qual passa um espírito, e, sim, as obras que realizou dentro dessas etapas.

A linguagem dos núcleos em potenciação não pode ser uma linguagem direta ao consciente sobre forma cristalina; sofrem as sugestões do simbolismo e das imagens de adaptação, único meio plausível de manifestar-se na periferia por ser o consciente uma tela de reduzidas possibilidades em face das atividades energéticas dos núcleos. A forma sob a qual se exterioriza no consciente é desconhecida, apresentando, entretanto, sempre um caráter penumbroso, como só acontece na linguagem dos sonhos utilizada pela psicanálise. Somente quando o homem atingir um grau evolutivo mais avançado, poderá compreender melhor a exteriorização dessas energias em sua própria dimensão. As exteriorizações energéticas dos núcleos são tão difíceis de conhecimento imediato e tão misteriosas que a tela consciente humana se torna um instrumento defeituoso, pequeno, impróprio, inadequado, para definir e expressar os símbolos que são as formas mais comuns de sua exteriorização. Por tudo isso é que os verdadeiros alquimistas deixaram um rastro nebuloso e indecifrável, que os filósofos e pensadores construíram complicados sistemas informativos e que os psicoespiritualistas modernos ainda se encontram na obscuridade à procura das vias luminosas que a psicologia dos nossos dias começou a oferecer.

O material energético do inconsciente é enorme, inesgotável, representando o arquivo de todas as vidas pretéritas e vivências, em condição e tempos diferentes, que foram incorporados à bagagem do Eu, essa individualidade que percorre sempre ansiosa a estrada da evolução. Se pudéssemos penetrar a essência do inconsciente passado, senti-lo na potencialidade de trabalho personificando-o, chegaríamos à conclusão de ser um elemento que haveria transposto a barreira da morte, englobando-se todos os estágios passíveis de juventude, maturidade e velhice, suplantando com sua imortalidade as limitações.

O inconsciente puro, zona mais desenvolvida do espírito, açambarcando funcionalmente a totalidade da psiquê, é uma zona inatingível ao nosso conhecimento, constituindo o grande centro e ponto de partida de todas as energias puras do psiquismo, é desse centro que nascem energias especiais, desconhecidas, dirigindo-se para toda a área psíquica. À medida que os raios atravessam as diversas zonas, seriam adaptados às características funcionais delas, conservando, no entanto, as qualidades diretivas de sua essência, única maneira de anunciar sua presença em zonas menos desenvolvidas da psiquê. O inconsciente puro sugeriria, amiúde, nos departamentos do psiquismo, o desenvolvimento do bem, uma moral, como iniciativa de evolução.

O inconsciente puro seria verdadeira energia de excelsa pureza, imagem e semelhança da energia universal, do logos como queria Heráclito e ultra ser, como entendia Plotino. Seria uma presença cósmica no Eu, abrigando os impulsos divinos da evolução, como se tudo lá já existisse dum incontável pretérito a buscar realizações futuras, sempre mais expressivas. Ao inconsciente puro, recolher-se-iam todos os potencias energéticos que atingissem um máximo de perfeição na zona do inconsciente passado, após incansáveis labutas milenares, dessa zona partiriam as verdadeiras energias (construtivas) do Eu, nutrindo e incentivando todos os elementos da psiquê que estão sob a sua inteligente orientação, convidando o homem à busca das infinitas dimensões cósmicas.

Com a apresentação do esquema sobre o psiquismo, podemos dizer que todas as suas camadas representam campos dinâmicos e divergentes, isso é, a psiquê estaria constituída de várias zonas dimensionais que se sucederiam de modo imperceptível duma zona para outra: pela contiguidade, apesar das zonas estarem juntas e mesmo entrelaçadas, existem limites sem mistura de campos vibratórios.

Na periferia corpórea estaria a zona de vibrações mais sutis, representados por energética quintessenciada. Assim, quanto mais na periferia

PSICOLOGIA TRANSPESSOAL: VISÃO METAFÍSICA

maior a condensação energética. Quanto mais no centro, mais evoluído e sutil o campo dimensional. Quanto mais matéria, maior a concentração de energia, quanto mais energia, maior a expressão de campos psíquicos.

Por tudo, é de se pensar que todos esses campos vibratórios participem dos mecanismos psíquicos, cada um deles com suas características e atribuições a depender do fenômeno em evidência.

De logo estamos a ver que os fenômenos mais sutis, desenvolvidos nas zonas dimensionais mais evoluídas, ficariam como que apagadas em sua maioria em face do desconhecimento e perceptibilidade pela zona periférica ou consciencial. Isso quer dizer que a zona consciencial de nossa percepção habitual nem sempre está capacitada à percepção dos fenômenos que se desenvolvem nas camadas mais profundas da psiquê. Esses apresentariam possibilidades tão avançadas que a zona consciente, pela sua natural redução, não teria condições específicas de avaliação. Embora devamos anotar que a zona consciente pode perceber parte ou pequenos aspectos daquilo que se passa em profundidade e por isso interpreta certos fatos de modo bem adverso da realidade.

Os quadros perceptivos do psiquismo estão diretamente relacionados com os campos em que se desenrolam, quanto mais na periferia mais analítico e reduzido, quanto mais no centro, mais sintético e ampliado em seus dinamismos. A percepção na zona consciente é mais pobre do que aquela que se desenvolve nas zonas centrais. Quanto mais na periferia, a percepção está ligada aos sentidos comuns, quanto mais no centro, mais êxtase e de difícil tradução. A sensação pelos sentidos oferece possibilidades de descrição pela faixa intelectiva em que se desenvolve, enquanto que as emoções puras e estáticas, por pertencerem a outros planos, são como que indivisíveis.

Com todo esse vibratório que é o nosso psiquismo, podemos imaginar, e mesmo aceitar, sem qualquer dificuldade, que as suas camadas emitem expressões de energias que, à maneira de envelope, vão cobrindo as demais, ao mesmo tempo, essas expressões serviriam de veículo de comunicação entre as camadas, permitindo a necessária continuidade num trabalho de conjunto do psiquismo. Nas expressões vibratórias das diversas camadas, que funcionariam à maneira de cobertura, teremos verdadeiros campos intermediários, que possibilitariam não só o trânsito entre as diversas regiões, como também a sua emersão final nas células da zona consciente. Essas, sob influências desses "campos organizadores", estariam aptas, a receber, por esse modo, a vitalidade e orientação que tanto necessitam para cumprimentos de suas finalidades metabólicas.

Como essas camadas do psiquismo profundo são expansões de qualificada energética, transcendendo ao tempo e ao espaço, podem participar de uma fenomenologia mais avançada do que aqueles que se desenvolvem costumeiramente na tela consciente. Em outros termos: na zona consciente estariam os fenômenos psicológicos do cotidiano tão bem conhecidos e classificados na zona do inconsciente, pela suas específicas expansões energéticas, estariam os fenômenos parapsicológicos de mais difícil enquadramento, pela zona consciente. Os fenômenos parapsicológicos desenvolvidos e estruturados nos campos dinâmicos da zona inconsciente.

Pelo exposto, podemos dizer que a fenomenologia que se desenvolveria na zona superconsciente, que se quer imediatamente à zona consciente, seria de estruturação intermediária entre os dois campos; isso permitiria que a zona consciente pudesse participar, embora de modo reduzido, de alguns fenômenos da esfera parapsicológica, como só acontece com a intuição, alguns fenômenos psi-gama e os mediúnicos ou psi-teta. Os fenômenos psi-kapa estariam a exigir, também na zona consciente, algum material energético para o seu desenvolvimento, os fenômenos psi-teta ou mediúnicos em sua essência, seriam estruturados no inconsciente mais propriamente em suas expansões (psicossoma ou perispírito).

A fim de sentir alguns fenômenos parapsicológicos, será necessário que haja um translado informativo pelo campo vibratório intermediário (psicossoma ou perispírito). A zona consciencial do nosso entendimento. Só teremos conhecimento dos fenômenos que se estruturam em campos energéticos mais avançados se eles forem transferidos para zona consciente, em se adaptando às condições menores. É por isso que a tradução analítica é própria da zona consciente do fenômeno que trazemos deformadas, em alguns ângulos, pela necessidade de redução e adaptação aos campos menores. Daí, o fenômeno ser fugaz e mesmo pouco perceptivo pelo mais sensível, o que explica a costumeira negação pela maioria das pessoas sem condições

PSICOLOGIA TRANSPESSOAL: VISÃO METAFÍSICA

específicas de sensibilidade (sensibilidade especial, mediunidade). Foi por isso que os fenômenos foram denominados de parapsicológicos, isso é, a fenomenologia fora denominada de parapsicológica comum e já concebida.

É claro e lógico que a viabilidade é imensa nesse setor denominado de parapsicológico. Os próprios fenômeno de uma mesma faixa sofrem variações constantes, o que não dizer daquela que se apresenta com diferente mecânica e estruturação diversa?

Os fenômenos realizados pela capacidade psi-gama são comumente enquadrados nas percepções extra-sensoriais e representados pela clarividência, telepatia, leitura de cartas e escritas automáticas (psicografia), palavra autoanalítica (psicofonia), psicodesenvolveram nas expansões das zonas inconscientes, pelos seus campos vibratórios, dentro da possibilidade, aos campos de consciência do sensível ou médium.

Os fenômenos estruturados às custas da chamada capacidade psi-capa seriam desenvolvidos em ações sobre objetos, produzindo deslocamento, batida, movimentos diversos, sem interferência direta da força física.

Nesses casos, haveria a necessidade de participação da zona inconsciente pelos seus campos imediativos, além do material energético específico. Fornecido pelos campos celulares. A fenomenologia em questão poderia ser observada às expensas do sensível pela sua capacidade específica, ou mesmo com o auxílio de entidades espirituais desencarnadas, que seriam o mecanismo mais comum. A maioria dos fenômenos psi-capa ou psicocinéticos necessitaria de certos materiais fornecidos pelas organizações vitais da matéria que daria, sob o comando espiritual de influência externa, elementos específicos (ectoplasma) para a referida estruturação.

Quanto aos fenômenos psi-theta, conhecidos como de comunicação espiritual, ainda uma vez o inconsciente do médium, por uma de suas camadas, seria a zona inicial de estruturação do fenômeno. Esse, para que participemos de sua existência, terá que ser transferido para a zona do consciente, a fim de ativar os diversos centros corticais, que por sua vez mostrarão o tipo de fenômeno dessa área. Se a área dos centros visíveis for perfeitamente atingida, teremos a fenomenologia da vidência, se a área auditiva, a clarividência, se os centros da palavra, os fenômenos de psicofonia, o mais comum, entretanto, é que esses centros são atingidos quase sempre em conjuntos, o que determinará uma fenomenologia rica, com vários mecanismos em ação. É o que realmente se observa nas chamadas incorporações mediúnicas, em que o fenômeno parapsicológico quando bem analisado nos mostra uma estrutura bastante complexa.

Temos a anotar como a importância que a constante filtragem mediúnica desenvolvida dentro da ética e da moral sadia oferece as vantagens da mecânica catártica, como também à ampliação dos campos evolutivos do psiquismo pela exertia energética positiva, tudo isso possibilitando ao alargamento das relações humanas em conhecimentos universalistas.

# TEMA 18

## O SI MESMO

O conhecimento do si mesmo é a chave da interiorização do indivíduo. Quando há uma conexão entre o eu interior e a dimensão de exteriorização do outro, as perguntas que surgem são: "O que se faz para agradar? O que eu quero em termos de prazer e aceitação de quebra de paradigma?".

Eu penso primeiro no outro. A minha visão sobre a célebre frase "Conhece-te a ti mesmo" descende do fato de o filósofo grego Sócrates ter baseado toda a sua vida de sábio nessa máxima. Ele desenvolveu um método que é uma verdadeira "faxina" interior: a "maiêutica". A partir dela, ele conseguiu mostrar para si mesmo, para seus seguidores e para todos os seres que eles devem se interiorizar a partir do "Conhece-te a ti mesmo".

O ser humano tem um grande poder quando ele se conhece, quando joga para fora todas as mágoas, todas as angústias, todos os seus males interiores e lava a alma. Assim, ele transcende a partir do seu próprio ser: já não existe mágoa ou tristeza, existe um ser altamente preparado para a vida, porque ele deixou o outro de lado, ele deixou a persistência de se ligar simplesmente na dimensão do que o outro faz para ele e se interiorizou completamente na sua própria alma. O ser humano tem esse poder de interiorização, ele apenas não usa.

Sócrates tinha tudo para ser bastante deprimido e fracassado. Foi um ser muito criticado e sua base familiar era muito desestruturada, segundo nos descreve Platão. Mas Sócrates tinha algo muito importante: ele acreditava em si mesmo. E esse acreditar é mais importante do que tudo que se possa imaginar. Dar um voto de confiança para o seu próprio ser, deixar todos os vícios, quebrar todos os paradigmas, ter um tempo para si e refletir, criticar a si mesmo de forma construtiva e destrutiva para que, no final, mesmo que esteja aos pedaços, você se encontre a partir da força interior que existe em você.

A força interior é individual. Ninguém tem por você, ninguém doa, ninguém empresta. A luta é a companheira do si mesmo. A paz e a interiorização estão dentro de todos nós. E essa busca só depende de cada um de nós. Nunca acredite nem vá atrás da felicidade vinda a partir do outro, da paz que o outro vai lhe dar, da interação que o outro vai ter com você. O outro nunca vai lhe dar plenamente o que você quer, ele não é você. Ele não sabe o que você quer. Jamais você será satisfeito pelo outro, porque essa satisfação vem da alma e a alma é individual, não é coletiva. Por ela ser individual, só você tem a chave interior dela e só você pode usá-la da forma que quiser.

Você conquista a satisfação plena a partir da meditação, interiorização, vibração, yoga, exercício físico, enfim, tudo que for uma limpeza energética, um banho para a alma.

Um dos maiores alimentos para a alma é a meditação e a maior higiene interior é estar plenamente consigo. Para chegar a esse ponto que os budistas chamam de "Nirvana", não acredito que é necessário ficar um mês sem comer ou em abstinência sexual total. Na realidade, só precisa ter momentos de interiorização. Acreditar que você pode, que você deve, que você está no momento certo para se encontrar. E naquele momento há só um ser e a ordem é sua. Não tem nada mais importante do que esse momento de interiorização.

"Conhece-te a ti mesmo" é algo enigmático para quem é naturalmente ocioso, para quem gosta que o outro faça parte. Mas quem busca, quem quer ter um alto domínio, sabe da sua própria individualidade de vida, busca esse poder de interiorização.

Um dos métodos do "Conhece-te a ti mesmo" bastante utilizado por Sócrates foi a meditação. Quando se medita, a interação com a alma é tão grande que se esquece do corpo. Você começa a meditação fazendo uma neutralização dos pensamentos e chega ao inconsciente. Do inconsciente você transcende ao superconsciente e deste você vai ao subconsciente. Do subconsciente você sintoniza o maior poder universal: a alma. Você se distancia do corpo e transcende na luz interior. Essa luz interior é a alma. Aquele dispositivo citado é o todo, nesse momento da meditação. Já não se tem mais corpo orgânico e lá nesse nível de meditação você encontra outros níveis. Você entra em outra dimensão. É como se você estivesse em outra galáxia, já que o inconsciente não funciona mais e você é plenamente alma. Por isso é que se diz: a meditação é o alimento da alma.

É na meditação que o ser se encontra plenamente consigo mesmo. O Id, o Ego e o Superego nessa dimensão se transformam num só, num eu plenamente interior. É uma quebra intensa de todos os paradigmas que o ser humano pode ter. Para chegar a essa interiorização não precisa ser Buda, Sócrates ou Aristóteles, só precisa ter um tempo para você. É necessário acreditar que você, se quiser, é plenamente transcendental, porque todas as almas transcendem e todos os corpos são simplesmente um invólucro qualquer.

Quando se medita, deve-se desligar de qualquer dimensão terrena e se propagar aos níveis maiores. No início da meditação, se você estiver Yng, você vai para Yang em questão de segundos e vice-versa.

Sócrates é tido como o maior filósofo do universo, mas, para mim, Jesus Cristo é que foi realmente o maior. Ele pregou a interação entre os povos, o "Conhece-te a ti mesmo" e fez uma reforma íntima entre o Eu e o Tu, daí ele mostrou para as pessoas que a felicidade não está no outro e sim no que o outro faz para com o outro. Ele resumiu os dez mandamentos em um: "Amar a Deus sobre todas as coisas e o próximo como a si mesmo". Esse mandamento não quer dizer que você deve deixar de se integrar consigo mesmo, mas que você vai estar integrado plenamente com o poder universal.

É do poder universal que você vai obter energia para transcender até o outro. Se você se encontrar plenamente, não deixe que esse encontro seja pleno somente para você. Ensine o outro a se encontrar e juntos se encontrem na integração interior de cada um, mas não espere que o outro seja o seu anjo da guarda, que ele traga o que você deseja. Vá em busca de você mesmo que você se encontrará.

# TEMA 19

## O PENSAMENTO

O pensamento é um processo da consciência em que associamos e combinamos os conhecimentos adquiridos ao longo das sucessivas vidas.

Com o pensamento nós conseguimos chegar a uma conclusão ou a uma nova ideia. Conclui-se que, com a associação da consciência aos órgãos dos sentidos, chegamos ao raciocínio, que é característica da associação livre das ideias que depende muito da direção ou do conteúdo do pensamento, liberado pela consciência.

Quando o pensamento sofre alguma inibição, apresenta logo lentificação e se torna pouco produtivo. O indivíduo apresenta logo o quadro de pobreza de expressão e características de temor. Exemplos: o paciente baixa a voz e fica o tempo todo "resmungando" sempre as mesmas ideias, isso ocorre quando o paciente se encontra em uma grande depressão.

O conteúdo do pensamento, quando alterado, faz com que o paciente fique com ideias repetitivas ou obsessivas, como, por exemplo: o paciente tenta se livrar de uma ideia central, esse pensamento sempre retorna e fica "circulando" (indo e voltando) e, por mais que o indivíduo tente mudar de assunto, não consegue. Naturalmente, essa situação abre espaço para o quadro de ideias delirantes, que são aquelas ideias que não correspondem à realidade, mas para o paciente essas ideias são reais. Em certos casos, não adianta nem contrariar, pois o paciente em delírio não muda de ideia com facilidade. Em certos casos, esses pacientes chegam a discutir de forma ferrenha, defendendo seu delírio. Por isso, temos que saber falar com tais pacientes e refletir sobre o que será dito a eles nesses períodos delirantes.

A partir da consciência é que desenvolvemos a nossa base psíquica e nos vinculamos à realidade. É a partir da consciência que temos acesso ao nosso ser (o "eu"). Com a consciência despersonalizada, acontece que o paciente não reconhece o "si mesmo", nem nada à sua volta, deixando de reconhecer a sua própria identidade e esquecendo-se dos seus familiares.

Em certos casos, ocorrem alterações da consciência corporal, na qual o paciente não tem consciência corpórea das pessoas de sua família. Quando alguém pergunta para o indivíduo quem é a pessoa que está em sua companhia, esse paciente responde que é "beltrano" ou "fulano", mas acaba por afirmar que não sabe. Esse paciente apresenta o quadro de alterações da consciência corporal de forma crônica e precisa o mais rápido possível procurar um tratamento psicoterápico.

Já no estado convulsivo, o paciente não consegue falar nem pensar e não consegue entender o que está vivenciando naquele momento da crise convulsiva. É uma sensação muito estranha. Na hora da crise, a ligação entre o que ele vê, ouve, fala, sente, pensa é de uma "estranheza" elevada.

O coma é a perda total da consciência. Aqui, é muito importante a presença de um profissional de saúde para fazer estímulos muito rápidos e potentes.

# TEMA 20

# A MEMÓRIA

As memórias são as lembranças que existem na consciência. As suas alterações podem desencadear problemas graves como hipermnésia, amnésia e paramnésia, que são patologias causadas por turbações ou modificações da memória.

A hipermnésia é uma alteração de clareza de alguns dados da memória. Exemplo: o paciente que tenta esquecer uma situação que foi frustrante para ele e não consegue de maneira alguma.

A amnésia é a impossibilidade de recordação de dados parciais ou totais dos fatos ocorridos antes do início da patologia. Em alguns casos, a amnésia é decorrente do fator afetivo e é uma fuga da memória, é uma forma que o paciente encontra para fugir de certas situações afetivamente complicadas.

A amnésia retrógrada é aquela que se apresenta logo após uma pancada na cabeça. O paciente pode ficar poucas horas ou até meses ou anos em crise de amnésia retrógrada.

Já no caso da paramnésia, existem a de recordação e a de reconhecimento: a de recordação executa um falseamento na recordação de determinados fatos passados, mas a memória bloqueia, em certos casos parcialmente, os dados reais, como em "fantasia", que os psiquiatras chamam de "memória falsa". Na paramnésia de reconhecimento, o paciente tenta reconhecer certas pessoas, mas a memória não consegue assimilar os dados e não reconhece parcialmente ninguém antes conhecido em certo momento.

Tratamento para memória psicoterápico, se possível: hipnose, regressão, hidroginástica, banhos terapêuticos, terapia ocupacional. Caminhadas, relaxamento, meditação, terapia ocupacional, utilizar derivados de soja na alimentação.

Obs. memória fraca ou perda da memória não tem cura, e sim controle.

# TEMA 21

## TRANSTORNO OBSESSIVO-COMPULSIVO (TOC): UMA VISÃO TRANSPESSOAL

O TOC é um transtorno de ansiedade causado por um desregramento psíquico e espiritual. O indivíduo portador de TOC desenvolve uma série de pensamentos e ações repetitivas, que se transforma em manias muito desagradáveis e incomoda a ele mesmo e a quem estiver por perto. Mas, na maioria das vezes, o indivíduo não consegue controlar tais manias.

Exemplo: se eventualmente sai uma notícia na televisão de que o "ácaro" causa muitas patologias respiratórias, o indivíduo portador de TOC poderá desenvolver uma mania compulsiva de limpeza. Nesse caso, ele pode até se sentir doente com todos os sintomas de uma determinada patologia respiratória.

O TOC é um transtorno incapacitante, pois o indivíduo fica preso a uma série de rituais maníacos e em certos casos chega ao estágio em que o indivíduo não consegue nem mesmo fazer tarefas básicas do dia a dia.

Dependendo do estágio compulsivo, o indivíduo pode provocar acidentes pessoais, como a lavagem contínua das mãos, o que pode causar lesões graves. Já vi exemplos de pacientes que lavavam as verduras várias vezes e depois colocavam muita água sanitária e bicarbonato de sódio. É claro que, nesse caso, o paciente pode chegar a se prejudicar com o uso de certas manias e até pode se intoxicar.

O portador de TOC, quando se encontra num estágio muito avançado, na maioria das vezes perde as amizades e acontece até separação matrimonial. Já imaginou se você tivesse um amigo que, ao sair de casa, tenha que voltar 10 vezes para olhar se a porta está fechada? Ou aquele que toma banho várias vezes ao dia, mas está sempre se achando e até dizendo que está sujo. Tem aquele que só anda pela mesma rua, na mesma calçada; aquele que sempre usa o mesmo cardápio; o que nunca muda o estilo de roupa etc.

## 21.1 FATORES ETIOLÓGICOS

Existe o desregramento mental e também a aproximação de espíritos obsessores. Esses, a propósito, só se aproximam de um indivíduo se tiver algum tipo de afinidade. A aproximação acontece da seguinte forma: o espírito desencarnado, ao se aproximar das costas de um indivíduo, faz conexão com o inconsciente deste, ludibriando os pensamentos e estimulando a compulsão. Daí o indivíduo se transforma numa espécie de "marionete", deixando-se levar por todas as sensações experienciadas.

O TOC começa apenas com uma simples obsessão, ilustrada por manias aparentemente inofensivas. Depois em pouco tempo, o quadro se agrava para a possessão. Nesse caso, o indivíduo já não consegue mais trabalhar e já perdeu até as amizades. Muitos chamam esse estágio de "loucura".

O último estágio é a subjugação, em que o indivíduo já não consegue se alimentar sozinho, não fala e fica letárgico. O estágio subjugado é irreversível.

## 21.2 TRATAMENTO PARA O TOC

Psicoterapia, Terapia Ocupacional, Meditação, Tratamento Espiritual.

# TEMA 22

## DOENÇAS PSICOSSOMÁTICAS

A concepção clássica da doença psicossomática é entendida como a influência dos fatores psíquicos nos distúrbios físicos, mas existem dois aspectos importantes: a influência dos distúrbios físicos no estado psicológico da pessoa e o papel do meio externo, o meio social.

Há pessoas que vivem em permanente estado de tensão, competição e rivalidade. Elas bloqueiam a expressão física e o sistema nervoso simpático, sua cronificação com a consequente distonia neurovegetativa interior predispõem à ocorrência de doenças. Exemplos: enxaqueca, hipertireoidismo, doença cardiovascular, artrite, diabetes etc.

Já no caso daquelas pessoas que em vez de competitivas e agressivas se sentem desamparadas no estado, dependentes dos outros e deprimidas, a tendência é ocorrer a ativação parassimpática. O contingenciamento sociocultural inibe a exteriorização dessas necessidades de ser objeto de cuidado.

No parassimpático, a repetição desses bloqueios cria também um desequilíbrio neurovegetativo interno como no caso anterior levando a desenvolver doenças como colite, diarreia, asma, constipação e úlcera.

Estatisticamente, 80% das doenças são psicossomáticas. Infelizmente, todos nós somatizamos energias com maior ou menor intensidade ao longo da vida mesmo que não aceitemos. A somatização pode ser entendida como distúrbio orgânico e faz parte das fases da depressão, angústia e ansiedade. Exemplo corriqueiro: a somatização das dores de cabeça que nos acometem de vez em quando, as fobias em geral etc.

O componente Psicogênico é aquele das doenças infecciosas. Como são resultados da ação de um organismo estranho e externo ao próprio indivíduo, a tendência é vê-las como exemplos de doença cuja causa é externa e claramente identificada. Grande engano de quem pensa assim, pois o cientista Adler afirma que uma doença infecciosa não é o produto apenas de uma bactéria ou de um vírus, mas decorrência da participação de indivíduos em uma totalidade, do corpo e da mente, na "aceitação" ou "rejeição" aos vírus ou bactérias.

A influência dos fatores emocionais conta muito quando se fala de somatização tanto de doenças infecciosas quanto das hereditárias. Todas elas podem ser desenvolvidas mais rapidamente e poder chegar ao óbito a partir do fator psicossomático. Vendo por esse ângulo é que se diz que as doenças psicossomáticas podem chegar a 100%.

Observações clínicas confirmam que o estado emocional e as defesas do organismo influem muito. Podemos observar que nem todas as pessoas adoecem em época de epidemia mesmo convivendo com os doentes.

A resistência dessas pessoas está ligada à defesa psicológica e ao fator genético. É evidente que em caso de uma infecção maciça como, por exemplo, em acidente laboratorial que tem como alvo a corrente sanguínea, ocorrerá a invalidade por grande quantidade de micróbios altamente virulentos. Nesse caso, a possibilidade de ocorrer doença é de 99%. Aí o estado psicológico perde sua validade. O que vai contar é a resistência do organismo.

O sedentarismo e o estresse, entre outros fatores, são vilões contribuintes da somatização.

Investir em qualidade de vida é muito importante. Por isso, é essencial fazer caminhada, lazer, meditação, alimentação balanceada, leitura de bons livros etc. Esse é um caminho que pode levar ao desenvolvimento da autoestima e à neutralização de energia destrutiva que leva à somatização.

# MÓDULO III

# METAFÍSICA, MISTICISMO, FILOSOFIA E RELIGIÃO

# TEMA 23

## ALMA E ESPÍRITO

As expressões gregas "soma" e "psiché", utilizadas por Anaxágoras, significam "corpo" e "alma", respectivamente.

A alma tem duas vestimentas, a primeira, sutil, é o perispírito e a segunda é o invólucro corpóreo (corpo orgânico). A alma está localizada no cérebro, a partir de um dispositivo altamente potente que interliga com todo o corpo.

A propósito, já diziam os sábios antigos que a alma ficava aderida à cabeça e eles não estavam errados, porque hoje os metafísicos já podem provar que existe uma dimensão plena de interligação entre o corpo e a alma. Quando a alma está aderida ao corpo orgânico ela é chamada de "alma". E quando ela está na erraticidade ela é chamada de "espírito".

A alma sem o corpo é altamente transcendental; já o corpo sem a alma não passa de um pedaço de carne. Ele pode ser tudo, menos um ser humano.

Na dimensão perispiritual a alma consegue transcender o tempo e o espaço. Ela é imortal. Já o corpo orgânico é altamente perecível. Nos estudos metafísicos e transpessoais se consegue detectar que a alma é intocável, muito sutil: ninguém consegue ver uma alma, porque ela se processa, como foi dito, a partir desse dispositivo que, no futuro, a ciência poderá provar. Mas a interação do corpo com esse dispositivo é imensamente perfeita: quando o ser está em momentos de vigília (sono) o corpo orgânico está em descanso e a alma está em movimento universal.

A alma não descansa. A vida da alma é completamente diferente da vida orgânica. Existe uma correlação entre as duas, mas quando estão separadas, são completamente diferentes. Como dissemos, o corpo orgânico jamais terá vida sem a alma.

Quando o ser morre, morre o corpo. A alma não morre. Ela é a luz da vida, é o sopro supremo. É a interação entre os mundos universais.

# TEMA 24

# RELIGIÃO: RESSURREIÇÃO E REENCARNAÇÃO

A religião existe desde o início dos tempos, mas essa questão de religião e religiosidade é muito polêmica, e, por isso mesmo, grandemente importante. Na religião em si, os pontos principais a serem discutidos são a integração dos povos aos templos nos quais existem vários tipos de cobranças: os dízimos, o comportamento do indivíduo participante dessa religião e principalmente o seguimento daquela religião que se faz a partir da Bíblia ou de qualquer outra estrutura que exista nesse templo.

Quando se resolve integrar-se a um templo, naturalmente se participa de uma religião e se está sujeito a tornar-se um indivíduo fanático.

A maioria das religiões promovidas em templos gera um fanatismo irreparável. O sociólogo Betinho repetiu o que Karl Marx e outros grandes homens disseram: "A religião é o ópio do povo". Justamente porque ela se processa como uma faca de dois gumes: por um lado, ela harmoniza e por outro existe uma transgressão interior até mesmo porque os representantes religiosos não são santos. Eles são apenas representantes e essa representação pode não ser a melhor possível.

Já a religiosidade não impõe cobranças. Para ser um indivíduo religioso não precisa participar de um templo, não importa o nome de Deus: se é Jeová, se é Emanuel. Não importa o templo no qual você está, o que importa é a forma de você chegar até Deus. Ele está dentro de cada um de nós e, se ele está aderido a cada um de nós, não precisamos procurá-lo em templos.

No caso da religiosidade, acho muito importante o indivíduo seguir o ecumenismo. Por quê? Porque lá não existe preconceito nem cobrança. Você não está em nenhum momento preocupado em discutir religião. Você acredita que existe um Deus transcendental e imutável que está em todo lugar em todos os momentos de sua vida e você (se for ecumênico) é um indivíduo que cuida de todas as pessoas que chegam até você independentemente de religião.

O mais importante no ecumenismo é que lá não existe pastor, padre, presidente de centro espírita etc. Não existe uma comercialização. Onde você estiver, estará integrado ao universo e, naturalmente, se você está integrado ao todo, você é o todo. E se eu tenho uma religião, é importante que eu siga de uma forma que eu faça bem feito. O que acontece é que as pessoas seguem os templos e não a religiosidade. E existe uma diferença muito grande entre religião, religiosidade e ecumenismo. Para mim, dos três, escolho o ecumenismo porque a partir daí eu vibro positivamente onde eu estiver, sem precisar seguir nenhum tipo de dogma.

Tem pessoas que são inteiramente desajustadas e, quando se integram a algum tipo de religião, se tornam fanáticas, chegando, às vezes, à loucura porque, como foi dito, a religião é ópio do povo e, se você não souber se integrar à religião e deixar se levar por tudo que você escuta, você enlouquece.

A religião é ópio porque ela é um vício, ou seja, se você não estiver totalmente preparado para fazer parte dessa dimensão de templo, você poderá ficar viciado em coisas que no momento apresentam sentido, mas que, no futuro, poderão ser um encarceramento muito complicado.

Acredito que os grandes filósofos foram religiosos e os maiores foram ecumênicos. E Jesus Cristo, o maior filósofo do universo, foi ecumênico. Maria Santíssima também foi uma grande representante do ecumenismo.

Entende-se por ressurreição da carne o fato de que, no dia do Juízo Final, os mortos ressurgirão dos túmulos, Deus aparecerá numa determinada dimensão e todos os povos estarão unidos diante do sepulcro e Deus vai decidir que os bons vão para o céu e os ruins para o inferno. Esse é o ponto de vista de quem acredita e segue a ressurreição. Cada um tem o seu livre arbítrio e tem direito de pensar e dizer o que quiser.

Quero esclarecer que em nenhum momento pretendo aqui contestar a questão da fé, mas eu não acredito que Deus, em meio a toda a sua potência, se preocupará com o retorno da vida a um corpo que já desencarnou há milhares de anos porque, pela lei da reencarnação, essas almas já voltaram milhares de vezes para o plano terreno e Deus deixou bem claro, para quem quis ver, que a alma é maior que um corpo orgânico.

A ciência tende a levar para o lado do ceticismo: os cientistas estão tentando concretizar seus planos de trazer o retorno da vida ao corpo. Nos Estados Unidos, por exemplo, existe uma clínica que é um verdadeiro "congelador": as pessoas pagam milhões de dólares para congelar um corpo – que será conservado intacto – desde que o procedimento seja iniciado até 48 horas após a morte e o falecimento tenha ocorrido por morte natural, não podendo ter sido causado por nenhum acidente ou nenhuma doença degenerativa como Aids, Câncer etc.

Os cientistas pensam de uma maneira muito materialista e, nesse ponto, eles vêm trabalhando uma forma de passar por cima dos poderes divinos. Acredito que eles podem conseguir tudo, menos fabricar um ser humano. Apenas um exemplo: eles acreditam que um indivíduo que desencarnou aos 80 anos, daqui a 50 – com toda tecnologia e desenvolvimento científico – eles vão conseguir "devolver" a alma a esse corpo, que viverá normalmente com 130 anos como qualquer outra pessoa. Só que, pelo que se sabe, uma pessoa com 130 anos hoje é uma raridade e ela não está mais em plena e sã consciência.

Não creio que daqui a meio século um indivíduo vá chegar aos 130 anos e estar lúcido, com todas as suas faculdades normais, mesmo dispondo de todo apoio científico. Não acredito muito nisso. Mas os cientistas estão aí para pesquisar e é trabalho deles estudar e desvendar os mistérios. Vamos ver o que eles vão conseguir. Esse ponto de vista, essa preocupação com os corpos, é de pessoas exageradamente materialistas, que nem chegam a perceber o corpo maior, que é o corpo perispiritual e que também não estão levando em conta que Deus jamais se preocuparia simplesmente com o aspecto exterior (quero deixar bem claro que não estou aqui criticando quem tem fé).

## 24.1 A RESSURREIÇÃO

Segundo a visão bíblica, a ressurreição de Cristo ocorreu após três dias. Os apóstolos, Maria Madalena e a mãe dele tiveram acesso ao sepulcro, mas não encontraram o corpo de Jesus, que era um corpo diferente do nosso (no futuro a ciência desvendará plenamente isso). O corpo de Cristo era fluídico e integrava um corpo carnal. Mas, no momento do desencarne, ele se transformou totalmente em perispírito. É tanto que, quando os apóstolos tentaram se aproximar de Jesus ressuscitado, ele pediu para que se distanciassem porque não se toca no perispírito, que é o corpo da alma.

Só viram Jesus aqueles que ele quis que o visualizassem. Não foi todo mundo. Isso porque a alma só é vista por quem ela deseja, o que explica por que os apóstolos, ao verem Cristo diante deles, acharam que se tratava da ressurreição (este era o entendimento e o prodígio, o milagre da época).

Além disso, houve o fenômeno da bicorporidade, que aconteceu depois do desencarne do Crisso e que acontece com as pessoas encarnadas quando a pessoa está num lugar e a alma pode aparecer em outro, desde que a pessoa esteja em base de meditação e esteja parada no mesmo local, sua alma pode ir a outro lugar a partir do pensamento, ser notada com a mesma aparência por outra pessoa e voltar rapidamente. Seria uma "visão", por assim dizer.

Há pessoas que, diante de uma aparição dessas, pensam até que o outro morreu. Mas esse fenômeno da bicorporidade (ou bilocação), assim como todos os outros citados, é explicável a partir da metafísica, a partir do espiritismo e a ciência orgânica vai conseguir explicar brevemente.

## 24.2 A REENCARNAÇÃO

A reencarnação é a oportunidade que o ser humano tem de, após a morte do corpo, retornar ao plano terreno em outro corpo. É, em princípio, a oportunidade que Deus dá a todos os seres humanos a partir da lei de causa e efeito – a lei do retorno. Ele concede a oportunidade de o indivíduo resgatar seus débitos a partir de vidas contínuas.

Nesse ponto de vista da reencarnação, o corpo morre e a alma retorna à erraticidade ou para planos espirituais e, depois de determinado tempo, esse espírito retorna ao plano terreno. Fica claro de uma vez por todas que se o corpo orgânico é extremamente perecível e se o ser humano não cuidar bem desse corpo, ele se destrói o mais rápido possível e, naturalmente, essa falta de cuidado agride também a alma e essa se desenlaça do corpo e vai embora, acontecendo, portanto, a morte do corpo.

Se o corpo é perecível, não é porque Deus não seja altamente potente. Sabemos que Deus é imutável, indivisível, imortal, ou seja, ele tem, efetivamente, poder. O único que tem poder para fazer o que ele quiser para o universo. Só que o ser humano foi criado com esses dois corpos: o corpo perispiritual e o corpo orgânico. Este foi criado perecivelmente e é por isso que não vai adiantar os cientistas se preocuparem em fazer com que o corpo de fulano ou beltrano volte à vida, porque os corpos não têm vida eterna. Mas, infelizmente, os cientistas vivem preocupados em passar por cima dos poderes divinos e, se eles pudessem, eles fariam um ser humano. Aliás, isso eles vivem tentando fazer, só que eles poderão conseguir fazer tudo, menos ser Deus e ter o poder de Deus.

Pelo fato de a alma ser imortal, aí sim, há um retorno e os metafísicos estudam o retorno da alma. A propósito, afirmamos e reafirmamos: existe vida após a morte, como já vinham crendo e asseverando muitos filósofos.

## 24.3 O PROCESSO DE VIDA, MORTE E REENCARNAÇÃO

Segundo Allan Kardec, o codificador da ciência espírita, a vida espiritual é a vida normal, a vida corpórea é uma fase temporária da vida do espírito, que, durante toda a existência, se reveste de um envoltório material, do qual se despe por ocasião da morte.

O espírito progride no estado corporal e no estado espiritual. O estado corpóreo é necessário ao espírito, até que haja galgado um certo grau de perfeição. Ele aí se desenvolve pelo trabalho ao qual é submetido pelas suas próprias necessidades e adquire conhecimentos práticos especiais. Sendo insuficiente uma só existência corporal para que adquira todas as perfeições, retorna a um corpo tantas vezes quantas lhe forem necessárias e de cada vez encarna com o progresso que tenha realizado em suas existências precedentes e na vida espiritual. Quando num mundo alcança tudo o que aí pode obter, deixa-o para ir a outros mundos intelectuais e moralmente mais adiantados, cada vez menos material e assim por diante, até a perfeição de que é susceptível à criatura.

Segundo Allan Kardec, a doutrina da reencarnação é a única que corresponde à ideia que formamos da justiça de Deus para com os homens que se acham em condição moral inferior. É a única que pode explicar o futuro e afirmar as nossas esperanças, pois, nos oferecem os meios de resgatarmos os nossos erros por novas provações.

O processo reencarnatório se dá da seguinte forma: no momento da concepção do corpo que se destina, o espírito é apanhado por uma corrente fluídica, que semelhante a uma rede o toma e aproxima da sua nova morada. Desde então, ele pertence ao corpo, como lhe pertencerá até que morra. Todavia, a união completa, o apossamento real, somente se verifica por ocasião do nascimento.

Desde o instante da concepção, a perturbação ganha o espírito; suas ideias se tornam confusas; suas faculdades se somem; a perturbação cresce à medida que os liames se apertam; torna-se completo nas últimas fases da gestação, de sorte que o espírito não aprecia o ato do nascimento do seu corpo, como não aprecia o da morte deste. Nenhuma consciência tem, nem de um, nem de outro.

Desde que a criança respira, a perturbação começa a se dissipar, as ideias voltam pouco a pouco, mas em condições diversas das verificadas quando da morte do corpo.

No ato da reencarnação, as faculdades do espírito não ficam apenas entorpecidas por uma espécie de sono momentâneo, conforme se dá quando do regresso à vida espiritual; todas, sem exceção, passam ao estado de latência. A vida corpórea tem por fim desenvolvê-las mediante o exercício, mas nem todas se podem desenvolver simultaneamente, porque o exercício de uma poderia prejudicar o de outra, ao passo que, por meio do desenvolvimento sucessivo, umas se firmam nas outras. Convêm, pois, que algumas fiquem em repouso, enquanto outras aumentam. Essa é a razão porque, na sua nova existência, pode o espírito apresentar-se sob aspecto muito diferente, sobretudo se pouco adiantado for, do que tinha na existência precedente.

Livros: *Obras Póstumas de Allan Kardec* p. 199, 200 e 202:

*Livro dos Espíritos* – Capítulo, IV p. 122

# TEMA 25

# VIDA E MORTE

A vida começou no plano terreno, segundo o moderno conhecimento científico, há cerca de 4,6 bilhões de anos. Depois desse fenômeno maior da natureza, do caos a partir da·"sopa química" e do carbono, a espinha dorsal da vida, se inicia a plenitude da existência do planeta Terra.

A vida é uma dimensão transcendental que se processa a partir do sopro da alma. Todo ser tem o direito inalienável à vida, mas, estando no plano terreno, existe o medo profundo da morte, ou seja, quem é vivo simplesmente tem medo de morrer. Isso decorre do instinto de conservação do ser vivente. Esse instinto faz com que o indivíduo tenha medo do desenlace corporal. Mas se nós tivéssemos conhecimento do nascimento, que é mais traumatizante do que a morte, com certeza nós teríamos muito mais medo de nascer do que de morrer.

Por isso, a Divina Providência faz com que, antes que se completem os dois primeiros anos de vida, todo ser esqueça novamente do momento do parto. Se não houvesse o esquecimento desse trauma, o ser humano não teria coragem de nascer e acabaria morrendo antes de vir à luz, porque o momento do nascimento é por demais doloroso. O projeto de vida dele acabaria antes do nascimento, porque ele não teria coragem de passar pelo parto.

Já o desenlace nem sempre é doloroso. O medo, no decorrer de todos os anos de vida até o momento do desencarne, é maior e mais doloroso que a própria morte. E a vida é a chave para a interiorização humana. É a luz que Deus nos dá para acessar o universo.

A partir da alma nós temos o direito inalienável à vida. Infelizmente, o ser humano se destrói e corta a dimensão maior que é esse poder de viver, esse direito que nós temos.

A vida e a morte são coisas inevitáveis, porque a vida é imortal. Nós não morremos, nós transcendemos às alturas e o corpo volta ao princípio do caos, bactéria. O princípio é o fim e o fim é o princípio e a vida se processa a partir do amor profundo de Deus. O verdadeiro sentido da vida é maior do que nós imaginamos e nós devemos vir para este mundo para viver e não para sobreviver, para valorizar tudo que Deus nos dá – a natureza.

Às vezes, as pessoas não estão materialmente bem e desvalorizam o momento vivido, quando, na verdade, todo segundo vivido deve ser valorizado. Não devemos pensar que valorizar é apenas materialização, mas é espiritualização também. Consiste em "endeusar-se" internamente, acreditar na sua plenitude interior, observar as estrelas, a lua, o mar. Se não tiver nada disso para observar, olhe para o céu e você verá uma luz no fim do túnel. Mas valorize intensamente a vida que você tem. Multiplique o pouco que você tem. Se você valorizar o pouco que você tem, ele transformar-se-á em muito.

Quando acreditamos em qualquer coisa que é digna de crédito, acabamos transcendendo. E essa transcendência parte de dentro de nós sem procurar saber da "boa vida" do outro e, sim, fazer com que sua vida seja maravilhosa. Essa transcendência acredita no poder divino, numa dimensão interior, na luz da vida e valoriza a vida plenamente porque ela deve ser vivida de forma plena a cada segundo sem se importar com o amanhã, uma vez que o amanhã não nos pertence. Portanto vamos viver o aqui e o agora intensamente.

# TEMA 26

## A MORTE

A Morte é um acontecimento natural, uma passagem. Quando dormimos morremos, e ao acordar renascemos. Esse processo acontece todos os dias, com todos os seres vivos.

Não devemos ter medo da morte e sim o medo de morrer, que naturalmente está associado à dor.

Na realidade o morrer é apenas uma passagem dessa vida limitada, "terrena", do corpo físico para o corpo fluídico. Isso porque "a alma não morre", é eterna.

Quando ocorre a transição, "processo de desencarne", a alma fica no plano espiritual em "colônias" e após um determinado tempo ela retorna novamente ao plano terreno em outro corpo físico, mas "a alma é a mesma" ela é imortal e imutável.

### 26.1 A MORTE, SEGUNDO MARCOS

E interrogaram-no, dizendo: Por que dizem os escribas que é necessário que Elias venha primeiro? E, respondendo ele, disse-lhes: Em verdade Elias virá primeiro, e todas as coisas restaurará; e, como está escrito do Filho do homem, que ele deva padecer muito e ser aviltado. Digo-vos, porém, que Elias já veio, e fizeram-lhe tudo o que quiseram, como dele está escrito.

(Mr. 9,11-13. Tradução João Ferreira de Almeida)

## 26.2 A MORTE, SEGUNDO MATEUS

Mas então, que fostes ver? Um profeta? Sim, vos digo eu, e muito mais do que profeta; porque é este de quem está escrito: Eis que diante da tua face envio o meu anjo, que preparará diante de ti o teu caminho. Em verdade vos digo que, entre os que de mulher têm nascido, não apareceu alguém maior do que João o Batista; mas aquele que é o menor no reino dos céus é maior do que ele. E, desde os dias de João o Batista até agora, se faz violência ao reino dos céus, e pela força se apoderam dele. Porque todos os profetas e a lei profetizaram até João.

(Mt. 11, 9-13. *Tradução de João Ferreira de Almeida*)

# TEMA 27

## CABALA OU A MÁQUINA DE FILOSOFAR

Há quatro mil anos foi escrito pelo patriarca Abraão o primeiro livro sobre a Cabala – O livro da formação. Poucos foram capazes de penetrar nos segredos contidos nesse livro sagrado.

Há dois mil anos, foi escrito o Zoahr, livro do esplendor explicando os segredos do livro da formação e expondo conceitos à frente do seu tempo. O Zoahr é o principal corpo teórico da Cabala. Nesses mesmos tempos a palavra Cabala metia medo em quase todas as pessoas. E o estudo da Cabala ficou completamente fechado e restrito por vários séculos.

A Cabala é a mais antiga sabedoria espiritual cuja meta é a transmissão dessa sabedoria e das ferramentas necessárias para dominar corações e mentes, visando ao crescimento espiritual de toda a humanidade.

Assim como as leis da física, como gravidade e magnetismo, existem independentemente de nossos desejos e conhecimentos as leis espirituais do universo que também influenciam nossas vidas todos os dias, todos os momentos.

A Cabala nos ajuda a entender e conviver com essas leis para nosso benefício e consequentemente o bem físico de todo o Cosmo.

De acordo com a Cabala, o desejo é a principal essência dos seres humanos e é a matéria prima de que somos feitos. Desejo é o que motiva toda a expansão humana: artes, literatura, música e ciência.

Um dos mais importantes conceitos cabalísticos é a lei das três colunas, a explicação para as polaridades de energia, a saber: a coluna direita é a energia de compartilhar do criador. A coluna esquerda é a energia de receber do receptor e a coluna central é a força da restrição.

De acordo com a Cabala, antes do **big bang** físico, ocorreu o **big bang** espiritual. Antes do início dos tempos, havia uma força infinita de energia, a luz. Para completar sua energia de dar, a força de energia infinita, a luz criou um receptor, não era uma entidade física e, sim, uma força, uma energia inteligente. Causa e efeito, dar e receber. Porém surgiu nesse receptor o desejo de merecer e ser a causa de sua própria satisfação e não mais somente receber da luz. A isso os cabalistas dão o nome de pão da vergonha. Para iluminar o pão da vergonha, o receptor parou de receber a luz e resistiu. Nesse momento a luz se retirou e criou um espaço vazio, criando um ponto único de escuridão dentro do mundo infinito. O infinito tinha dado vida ao finito. A luz deu ao receptor o tempo e o espaço que é o nosso universo físico.

As encarnações, de acordo com a Cabala, ocorrem com longos intervalos entre si. As almas esquecem inteiramente o passado e, longe de constituírem uma punição por suas faltas, os renascimentos são uma bênção que permitem aos homens purificarem-se.

(Maiores informações, leia o livro *A Cabala*)

# TEMA 28

## CRENÇAS ANTIGAS SOBRE A MORTE

### 28.1 POVOS EGÍPCIOS

Segundo os povos egípcios, após a morte a alma seria atraída para o alto por Hermes, seu gênio-guia, e retida no mundo terrestre por sua sombra ainda ligada ao corpo material.

Se ela decide seguir Hermes e chega ao limite do mundo subliminar ou "amenti", limite chamado "muralha de ferro". A saída desse mundo é vigiada por espíritos elementares, cujos fluídos podem fazê-los se apresentar sob todas as formas animais, que investem tanto contra o homem vivo que deseje penetrar no invisível pela magia quanto contra a alma defunta que deseje sair do "amenti" para entrar na região celeste.

Quando a alma transpõe o "amenti", adquire a recordação completa de suas vidas precedentes, a qual havia retomado apenas parcialmente em sua saída do corpo. A alma vê, então, suas faltas passadas e, iluminada pela experiência, volta para a esfera de atração da terra. Aqueles que se endureceram no mal e perderam todo o sentido da verdade, mataram neles próprios até mesmo a última recordação da vida celeste, romperam o laço com o espírito divino, pronunciaram seu próprio aniquilamento, isso é, a dispersão de sua consciência nos elementos.

Aqueles nos quais o desejo do bem subsiste, mas que são dominados pelo mal, condenaram-se a uma nova e mais árdua encarnação.

Aqueles, ao contrário, em quem o amor, a verdade e a vontade do bem os elevaram acima dos baixos instintos e estão aptos para a viagem celeste, apesar de seus erros e suas faltas passageiras. Nesses então, o espírito divino recolhe tudo o que há de puro e de imortal adquirido nas experiências terrestres da alma, enquanto que todo o falso, impuro e o perecível dissolvem-se no "amenti" com a sombra vã.

Assim, a alma, a partir de uma série de provas e de encarnações, destrói-se ou imortaliza-se facultativamente.

## 28.2 A MORTE SEGUNDO OS POVOS HEBREUS

Para os Hebreus, todas as almas são submetidas às provas da transmigração. Os homens desconhecem a vontade do alto com relação a eles. Ignoram por quantos sofrimentos e transformações misteriosas devem passar e quão numerosos são os espíritos que, vindo a este mundo, não retornam ao palácio do seu Dino rei.

As almas devem, por fim, novamente imergir na substância da qual saíram. Entretanto, antes desse momento, já devem ter desenvolvido até o mais alto grau todas as virtudes cujos germes nela encontram-se latentes. Se essa condição é realizada em uma única existência, devem as almas renascer até que tenham atingido o grau de desenvolvimento que torna possível sua absorção em Deus.

## 28.3 A MORTE E A ALMA SEGUNDO OS POVOS HINDUS (GITA)

No Bhagavat Gita, ou o Canto do Bem-Aventurado, que se supõe ter sido composto aproximadamente no século X a.C., o príncipe Arjuna, já quase travando um batalha, reconhece no exército inimigo parentes que ama e, como fica esmagado de dor ao penar que na luta poderia matá-los, Krishna o consola, revelando-lhe a doutrina das transmigrações.

Esses corpos perecíveis são animados por uma alma eterna indestrutível. Aquele que crê, pensa ela a ser morta ou matar, engana-se. Aquele que penetrou o segredo do meu nascimento e de minha obra divina não mais retorna a um novo nascimento; assim como tu também, Arjuna, eu os recordo a todos, porém, tu os ignora.

Os hindus creem que as vidas sucessivas criam na alma um envoltório chamado "Karma", que se modifica do melhor ao pior segundo todas as boas ou más ações praticadas.

# TEMA 29

# PONTO DE VISTA DOS FILÓSOFOS SOBRE A VIDA APÓS A MORTE

## 29.1 O PONTO DE VISTA DO FILÓSOFO CÍCERO SOBRE A VIDA APÓS A MORTE

Quanto à origem eterna das almas, não vejo como é possível existirem dúvidas, uma vez que é verdadeiro que os homens veem ao mundo munidos de grande quantidade de conhecimentos. Ora, uma grande prova de que é assim está na faculdade e na prontidão com que as crianças aprendem as artes bastante difíceis em que há uma infinidade de coisas a compreender, o que nos permite crer que essas artes não lhes são novas e que, ensinando-lhes, apenas reavivamos suas memórias. É o que nos ensina nosso divino Platão.

Jamais nos persuadirão, meu caro Cipião, de que nem vosso pai Emílio, nem vossos dois ancestrais Paulo e Cipião, o africano, nem o pai deste, nem seu tio, nem tantos outros grandes homens, que não é necessário enumerar teriam empreendido tantas grandes coisas cuja memória a posteridade conservaria, se não tivessem entrevisto claramente que o futuro, até mesmo o mais distante, concernir-lhes-ia tanto quanto o presente. E para vangloriar-me, também segundo o costume dos anciãos, credes que eu teria trabalhado noite e dia como fiz, na guerra e na república, se a glória de meus trabalhos fosse terminar justo com a minha vida? Teria eu incomparavelmente melhor feito se a tivesse passado repousando sem prender-me a nenhum tipo de compromisso? Porém, minha alma, elevando-se de algum modo acima do tempo que tenho para viver, sempre estendeu seus olhos até a posteridade e sempre achei que seria após o fim dessa vida mortal que eu estaria ainda mais vivo. É assim que todos os grandes homens pensam: e, se a alma fosse mortal, eles não fariam tantos esforços para alcançar a imortalidade.

## 29.2 PLATÃO (DO LIVRO "DAS LEIS"), PONTO DE VISTA SOBRE A VIDA APÓS A MORTE

É preciso crer nos legisladores, nas tradições antigas e particularmente no que diz respeito à alma quando nos dizem que ela é totalmente distinta do corpo e que é ela o nosso eu; que nosso corpo é apenas uma espécie de fantasma que nos segue; que o eu do homem é verdadeiramente imortal; que o que chamamos de alma, que prestará contas aos deuses, como ensina a lei do país, que é tanto consoladora para o justo quanto terrível para o mau.

Não cremos, pois, que essa massa de carne que enterramos seja o homem, uma vez que sabemos que este filho, este irmão etc. realmente partiu para outro local após haver terminado o que tinha a fazer aqui. Isso é verdadeiro, embora para prová-lo seja necessária longa argumentação e é preciso crer nessas coisas sobre a fé dos legisladores e das tradições antigas a menos que se tenha perdido a razão.

(Livro Das leis, ponto de vista sobre a vida após a morte)


## 29.3 LAVATER

Os órgãos simplificam-se, adquirem harmonia entre si e tornam-se mais apropriados à natureza, às características, às necessidades e às forças da alma à medida que esta se concentra, enriquece-se e depura-se aqui neste mundo, perseguindo um só objetivo e agindo em um sentido determinado. A alma aperfeiçoa, vivendo sobre a terra, as qualidades do corpo espiritual, do veículo no qual continuará a existir após a morte de seu corpo material e que lhe servirá de órgão para conceber, sentir e agir em sua nova existência. (Carta à imperatriz Maria Flodorana da Rússia. 1º de agosto de 1798)


## 29.4 VOLTAIRE

A partir do momento em que se comece a crer que há no homem um ser absolutamente distinto da máquina e que o entendimento subsiste após a morte, atribui-se a esse entendimento um corpo leve, sutil, vaporoso que se assemelha ao corpo no qual está alojada. Se a alma de um homem não tivesse forma semelhante à que possui durante a vida, não se poderia distinguir após a morte a alma de dois homens diferentes.

Essa alma, essa sombra que subsiste desligada de seu corpo material para muito bem se mostrar em dados momentos, revê os locais nos quais havia habitado, visita seus parentes, seus amigos, fala-lhes e instrui-lhes. Não há em nada disso nenhuma incompatibilidade, o que existe que pode fazer-se perceber.

## 29.5 PORFÍRIO

A alma não se encontra jamais despojada de algum corpo: um corpo mais ou menos puro à alma está sempre ligado e adaptado ao seu estado do momento. Porém, tão logo ela abandone o corpo terrestre e grosseiro, o corpo espiritual que lhe serve de veículo parte necessariamente contaminado e espesso pelos vapores e exalações do primeiro, purificando-se a alma progressivamente. Esse corpo torna-se, com o passar do tempo, um puro esplendor que nenhuma névoa obscurece ou mancha.

## 29.6 A HISTÓRIA DA MORTE

Um senhor de engenho deu ordem a seu escravo, que ele fosse ao mercado comprar umas encomendas.

O escravo vai até o mercado e lá encontra uma figura estranha – era a "morte". Mas ela nem olhou para o escravo. Mesmo assim, ele sentiu muito medo e voltou correndo para a fazenda e disse ao senhor que não tinha trazido as encomendas porque tinha encontrado a morte no mercado. O escravo disse ainda: – "Vou viajar agora mesmo para Sâmara e fugir da morte!".

O senhor ouviu atentamente e foi ao mercado ver se encontrava a morte. Ao chegar no mercado, lá estava a "dona morte". O senhor disse: – "A senhora me atrapalhou muito hoje. Meu servo veio aqui providenciar umas encomendas e a senhora o assustou".

A morte respondeu calmamente: – "Mas eu nem falei com ele! Eu tenho um encontro com ele marcado hoje à noite em Sâmara".

Como podemos perceber, todos nós temos um tempo de existência e que a morte é inevitável, não adianta fugir

# TEMA 30

## PONTOS DE VISTA SOBRE A ALMA

### A Alma segundo Rauch

Em que momento a alma é criada? Apenas três hipóteses são possíveis. Primeira: a alma é criada ao mesmo tempo que o ser; segunda: ela é criada na eternidade; terceira: em épocas intermediárias, entre as duas precedentes.

É difícil que a alma seja criada ao mesmo tempo que o ser humano ao qual é destinada, pois então seria impossível explicar a diferença de condição moral existente entre os homens. De onde viriam, com efeito, as entidades que diferenciam a alma de um homem da de outro e que criam toda a distância entre a alma de um homem e de outro e que criam toda a distância entre um homem virtuoso e um celerado capaz de todos os crimes? Diferença de conformação craniana? Responde a antropologia criminalística. Porém minha razão insurge-se contra uma doutrina que tende a rebaixar o ser humano ao nível do animal, sujeitando-o a obedecer simplesmente aos impulsos do instinto: o que quer que digam, sinto firmemente uma consciência que é livre para escolher uma vontade que me permite determinar pelo bem ou pelo mal. O mal não é fatal e a prova é que a criminalidade aumenta à medida que o temor salutar da repressão diminui, uma vez que todas as almas saem da mão de Deus num estado de igualdade inicial.

Se a alma fosse criada ao mesmo tempo que o ser, haveria de ser necessário que todos os homens fossem iguais em valor moral, ao menos no momento de seu nascimento. Ora, não é absolutamente assim: na idade em que a criatura não pôde ainda fazer nem o bem nem o mal, nem receber nenhuma influência do mundo exterior, ela acusa as qualidades e as taras que já estão em si. Certas crianças são viciosas, outras possuem sentimentos de retidão e de honestidade e o meio no qual nasceram e foram criadas nem sempre é suficiente para explicar essas variações.

Desde o início da vida, percebe-se uma desigualdade de nível moral que aumenta ainda mais à medida que o ser cresce e que permanece inexplicado nessa primeira hipótese.

Enfim, dizer que a alma é crida no mesmo instante em que deve penetrar o corpo não significa admitir implicitamente que Deus possa fazer-se o cúmplice das traições, dos incestos, dos estupros, dos adultérios aos pais, infelizes seres devam a vida? Ele permite que cometam o crime, isso é verdade, e a corrupção de nossos costumes torna-no bastante frequente. Porém, como são sujeitos com indignação, a suposição de que por uma criação que seria um ato direto da vontade soberana, ele intervenha nesse mesmo momento (menção à obra "Do vício e da devassidão").

## 30.1 ARMANDO SABATIER

Nos insetos em que ocorrem metamorfoses, na passagem de uma forma a outra, o corpo primitivo desaparece e um novo corpo é formado mais perfeito, mais completo, com uma organização mais aperfeiçoada e mais adaptada à existência nova e superior.

Disse eu que um novo corpo sucede ao corpo primitivo. Esse novo corpo é um edifício que não é simples modificação do primeiro. Não é um novo arranjo, não é o primeiro consertado e restaurado. O novo corpo não é sequer reconstruído com o poder do primeiro, pois essas pedras que são células desorganizam-se e decompõem-se. A comparação não é apenas triturada e reduzida a pó, mas decomposta quimicamente e com os elementos dessa decomposição são reconstruídas novas pedras que servem à construção do novo edifício.

Não há motivos para pensarmos que abandonando o meio terrestre e o envoltório que foram a condição e a sede de seu primeiro desenvolvimento, no momento da morte, o homem dá entrada num meio e num envoltório mais favoráveis a uma fase superior de sua evolução? Não vejo razão séria para crer no contrário; e a morte do homem, então, não é mais esse mal físico infligido ao pecado como o mais terrível dos castigos, mas o ato mais benéfico e mais desejável àqueles que têm razões suficientes para crer em uma vida de além-túmulo. Esse envoltório de outro tipo e esse novo meio obstinado a dar a personalidade humana um novo desabrochar podem, por sua vez, dar lugar a outros melhores.

## 30.2 FRANÇOIS CORPPEI, A VIDA ANTERIOR

Se for verdade que este mundo é para o homem um exílio onde, curvando-se sob o peso de um labor duro e vil, ele expia, chorando sua vida anterior.

Se for verdade que numa existência melhor entre os astros de ouro que giram no céu azul, ele viveu formado de um elemento mais puro e que ele guarda um lamento de seu primeiro esplendor. Deves vir criança desse lugar de luz ao qual minha alma deve ter recentemente pertencido; pois dele devolveste-me a vaga recordação, pois, apercebendo-te, loura virgem ingênua, geme como se te houvesse reconhecido, e, tão logo o meu olhar no fundo do teu, mergulhou. Senti que já nos havíamos amado. E, desde esse dia, tocado de nostalgia, meu sonho no firmamento sempre se refugia, desejando lá descobrir nosso país natal. E, logo que a noite cai no céu oriental.

## 30.3 VICTOR HUGO – DESTINOS DA ALMA

O homem tem sedes insaciadas;
Em seu passado vertiginoso
Sente reviver outras vidas,
Conta os nós de sua alma.

Procura o fundo das sombrias cúpulas sob
Que forma resplandeceu
Ouve seus próprios fantasmas
Que atrás de si lhe falam.
O homem é o único ponto da criação em
que, para permanecer livre, tornando-se melhor,
a alma deva esquecer sua vida anterior.

Ele diz: morrer é conhecer;

Procuramos a saída tateando;
Eu era, eu sou, eu devo ser,
A sombra é uma escada, subamo-la.

# TEMA 31

# A CLONAGEM:
# VISÃO TRANSPESSOAL OU METAFÍSICA

Deus fez o homem e não deixou a xérox da criação. O homem já conseguiu clonar o animal, agora pretende clonar o próprio ser humano, o que não vai conseguir plenamente, podendo até conseguir clonar o corpo, mas não conseguirá clonar a alma.

O Onipotente na certa não apoia a clonagem humana, porque Ele não deu acesso a tal invento para que o homem não tenha mais poder do que o ser universal. O homem nunca vai ter poder para fabricar um ser humano composto como Deus fabrica, isso já está rotulado, calculado. Ele não vai conseguir por não ter como fabricar uma alma, ele pode clonar o corpo, mas a alma ele jamais clonará.

Você pode, por exemplo, clonar 100 Robertos Carlos, mas nunca eles vão cantar como Roberto Carlos e não adianta clonar 100 Marias Ritas para Roberto Carlos, porque ele só elegeu uma Maria Rita.

Esteticamente, pode fazer qualquer modificação, mas em termos de alma você não o faz. Portanto a clonagem humana não é aprovada. Os outros tipos de clonagem são aprovados, desde que não venham a prejudicar o ser. Acredito que o código genoma foi apoiado pela dimensão universal (Deus) porque nada no plano terreno acontece sem a aprovação divina. Os cientistas existem para descobrir as patologias, conseguir o tratamento e a cura para as patologias. É natural que tenha feito essa quebra do código genoma. Entendo não ser necessário o cientista se preocupar com a melhoria da espécie humana, porque somente ao criador é delegado tal poder.

Já no caso da clonagem animal, ela até é necessária para melhorar a espécie, mas uma coisa é melhorar a espécie, outra coisa é querer passar por cima de Deus. No caso da clonagem humana, é querer passar por cima do Divino, o que não vai acontecer.

A clonagem animal, como forma de melhoramento da espécie, deve ser apoiada pelo plano superior, apesar de a ovelha Dolly não ter tido esse êxito todo. Mas cremos que no futuro os cientistas conseguirão clonar melhor, portanto a clonagem animal é aceita pela nossa limitação terrena.

A clonagem de órgãos também contribuirá para melhorar a condição de existencialidade do ser humano e, na certa, terá apoio divino. Também serão apoiadas as células-tronco para ajudar a recuperar os pacientes portadores de doenças incuráveis e paralisias.

A questão das células-tronco ainda é polêmica e sobre ela não há consenso entre cientistas e religiosos. Os religiosos não apoiam o uso das células-tronco por entenderem que na célula já existe vida nos 14 primeiros dias. Se fosse assim, na ejaculação já existiria vida e as mulheres quando menstruadas estariam praticando um aborto coletivo, o que não é verdade. Na realidade, existe um ponto ativo, mas não existe vida plena na célula. Portanto a menstruação não é um aborto do ponto de vista da Psicologia Transpessoal, isso é, se não usar medicamentos e se for natural.

Segundo os religiosos, a menstruação é um aborto natural. Sabemos que, na realidade, não o é. Na ejaculação, não se desperdiça vida. É preciso que se saiba que a vida existe somente depois da concepção. Na clonagem de uma célula-tronco que está sendo preparada para curar alguém, ninguém irá logicamente colocar vida e ligar uma alma nessa célula para cuidar de um ser. É por isso que não é vida como os religiosos dizem. Ela é viva do ponto de vista ativo e uma vez fecundada no útero da mãe – aí sim – sabe-se que é vida, iniciando-se, portanto, com o zigoto. Se for fecunda e não colocar no útero da mãe, não terá espírito ligado. Os cientistas sabem disso.

No caso das células-tronco, elas não são fecundadas no útero da mãe. São fecundadas fora, para fazer experimentos. O bebê de proveta só tem vida ativa (ligação de alma) depois que for colocada a célula no útero da mãe. Antes disso, é apenas um princípio ativo, pois só tem vida quando o espírito estiver ligado. Se for preparada uma célula-tronco para aplicar

PSICOLOGIA TRANSPESSOAL: VISÃO METAFÍSICA

em alguém ou para fazer um experimento qualquer, não vai ter ligação da alma do plano espiritual. Não existe isso!

No plano terreno, a ciência não sabe ao certo quando o espírito se integra ao corpo. Na realidade, o grande temor ou medo, ou seja, a resistência das religiões sobre a clonagem está na possibilidade de os cientistas brincarem com a vida, ultrapassando os princípios éticos padronizados.

Depois da quebra do código genoma, é que se passou a fazer a fecundação de uma célula ou tecido. Antes, os cientistas só sabiam fazer a fecundação para produzir bebês de proveta a partir do uso de esperma e óvulo (gametas masculinos e gametas femininos).

Se o cientista pegar uma célula de qualquer parte do corpo, ele não estará desenvolvendo o procedimento da proveta e, sim, estará fazendo a clonagem, ou seja, se pegar uma célula de órgão ou tecido, aí temos a clonagem. O proveta se processa com os genes masculino e feminino quando injetados no útero da mãe. Já a função da célula-tronco é a constituição do tecido.

Quanto à fecundação das células para o processo de tratamento, temos a célula do cordão umbilical que vai servir para tratar de problemas na medula. Já para os problemas de natureza neurológica, as células deverão ser retiradas do cérebro.

Quanto ao temor dos religiosos com o procedimento da clonagem humana, deveriam os governantes proibir o clone humano e deixar os cientistas, por outro lado, desenvolverem outras técnicas para ajudar o ser humano em termos de tratamento e melhoria das espécies (animais e vegetais) para a qualidade de vida.

Acredito até que os cientistas irão conseguir fabricar o clone do corpo. Mas clonar a alma humana, só Deus. Na verdade, nos primórdios dos tempos, Deus já fazia o ser humano em série, porém o meio é que modifica e transforma as estruturas materiais. O entendimento dessa questão é antigo, pois já diziam Confúcio, Sócrates, Platão e outros que a alma é indivisível, imortal, insubstituível e ninguém a repete. Segundo os Transpessoais, os cientistas clonam o corpo, mas a alma não se clona.

Quanto às chamadas doenças congênitas, elas vêm a partir do genoma. As doenças já estão implícitas na escolha do genoma, que é um conjunto de genes que já estão formados e cumpre-se o desiderato, o planejamento. A partir do livre-arbítrio, podemos modificar para melhor ou pior o nosso genoma e a apresentação do nosso corpo físico. As doenças já estão escritas no nosso genoma, a nossa vida na terra pode ser delatada a partir de moratória.

Os cientistas, equivocadamente, querem criar o clone em laboratório e não na barriga da mãe, daí o medo ou temor dos religiosos de que os cientistas utilizem as células e as transformem em seres. Se for fecundada uma célula em laboratório, ela é vida latente, inativa, não possuindo, portanto, alma. Lembremos que a alma não está à disposição dos cientistas por entender o Onipotente que o ser humano poderá até extrapolar a ética e fabricar um ser, mas esse ser não terá vida.

Todos nós possuímos dentro do nosso corpo os peptídeos, que, num futuro próximo, poderão nos levar à cura da Aids, pois os mesmos têm a função de neutralização energética e, somados à aplicação de Reiki e de produtos naturais, podem nos conduzir à cura da referida patologia.

Já o tratamento do mal de Alzheimer é feito a partir das células-tronco dos tecidos. As células do cordão umbilical, como foi dito, são importantes para a cura da leucemia, devendo ser compatíveis com o paciente, o que acontece geralmente entre membros de uma mesma família.

As células embrionárias do cordão umbilical encontram-se prontas, enquanto as dos tecidos necessitam ser fabricadas.

# TEMA 32

## UMA VISÃO TRANSPESSOAL DE GENES E MECANISMOS REENCARNACIONISTAS

No mecanismo reencarnatório, as unidades biológicas responsáveis pelo desenvolvimento do ser na dimensão física são as células genésicas. Essas células (de um lado, o espermatozoide; do outro, o óvulo) apresentam as características de possuírem os cromossomos pela metade em relação às demais células do organismo. Isso porque, após a conjugação das células nas vias femininas, os seus respectivos núcleos, carregando cada um deles o material da herança pela metade, tendem ao restabelecimento do número dos cromossomos da espécie. No caso da espécie humana, cada célula sexual carrega 23 cromossomos que, unidos, completam as 46 unidades nucleares transportadoras da herança física.

É no núcleo, nos 46 cromossomos, que uma infinidade de genes se encontram incrustados a fim de responder pelo mecanismo da herança. Esses genes se distribuem nas fitas cromossômicas, precisos e ajustados e ainda não se revelaram em seu exato posicionamento, mesmo diante dos melhores métodos biológicos. Temos conhecimento de sua existência diante das atitudes bioquímicas do código genético na zona nuclear, mas continuamos a não saber o que realmente são e como se comportam dentro do potencial de trabalho.

Sabemos que, para muitos estudiosos, o gene seria uma determinada estruturação das substâncias que compõem a molécula do DNA, característica do núcleo celular. Recentemente, o doutor Khorana, nos EUA, obteve sistematicamente o gene artificial. O pesquisador denomina gene uma faixa cromossomial da molécula do DNA, cujo código já foi anteriormente decifrado. O valor da obtenção nuclear de uma bactéria desencadeou uma resposta metabólica com as funções normais de um núcleo, embora, dentro da simplicidade que caracteriza a referida bactéria, o pesquisador tenha descoberto em pauta aquilo a que chamou de código de entrada e de saída de pequena porção cromossômica (uma alça de dupla hélice do cromossomo), o que permitiu possibilidades de intervenção da alça cromossômica da bactéria com a finalidade de ampliação de suas atividades do código genético. Houve, realmente, uma ampliação do trabalho nuclear, mas não foram possíveis quaisquer modificações da conduta bioquímica.

Para nós, o gene seria o pequeno corpo organizador dessa faixa molecular do DNA (ácido desoxirribonucleico), como que orientando e manipulando pela bioquímica do núcleo celular. E por ser um corpo organizador, estaria em faixa dimensional energética. Por isso, sem possibilidade de ser avaliado devidamente e computado pelo método científico em vigor.

Quando os 23 cromossomos paternos (espermatozoides) se unem aos 23 cromossomos maternos (óvulo), há o restabelecimento do material de herança nos 46 cromossomos, em que os genes, como campos organizadores da vida, aí se instalam para dar impulso ao novo metabolismo da célula-óvulo, que foi fecundada e transformou-se em ovo. Portanto ao lado da zona física, representada pelo material cromossômico, existiriam na intimidade da molécula do ADN, os genes como unidade energética, influenciando diretamente o setor físico a partir de específicas vibrações, convidando-o a um trabalho hormônico e com finalidade.

Será impossível conceber a harmonia do bioquimismo cromossômico e a perfeita orientação desse majestoso trabalho sem o diretor e orientador dos seus mecanismos, mas somente com um campo de energia do mais alto quilate biológico. E, dessa forma, conceituamos os genes como uma zona energética e não o material físico do cromossomo representado pela molécula do DNA, conforme o pensamento de muitos pesquisadores.

Não negamos a organização do DNA muito bem equacionada pela bioquímica, mas achamos que as unidades gênicas são as energias e não a estrutura física do ADN, uma vez que o próprio gene sendo energia seria consequência de outras projeções energéticas mais evoluídas a lhes ditarem os destinos.

Por tudo isso, teríamos nos genes, o ponto de união entre matéria corpórea e os campos especiais de energias que carregamos e que estão

PSICOLOGIA TRANSPESSOAL: VISÃO METAFÍSICA

a fazer parte da nossa estrutura biológica. Os genes seriam o ponto de transição entre a matéria e a energia específica do psiquismo. As energias psíquicas de profundidade, o inconsciente ou a zona espiritual, teriam nos genes seus pontos de acoplagem na matéria e exerceriam, por intermédio deles, as suas influências diretoras nas estruturas físicas do corpo.

Quando o óvulo passa a ovo e tem o seu núcleo integralizado com os cromossomos da espécie, um pequeno par cromossômico (paterno e materno) associa-se a fim de definir o sexo no material de conjunção. Conforme a combinação entre eles, teremos um produto masculino ou feminino. É também compreensível que todas as modificações anatômicas doentias no campo sexual estejam ligadas aos genes que carregam em seus vórtices energéticos as desarmonias. Dessa forma, os genes deixarão na zona física a impressão daquilo que realmente possuíam e transferem de seus campos irradiativos.

Uma vez integralizado, o núcleo do ovo e o processo de desenvolvimento vão progredindo com a orientação que as energias dos campos organizadores vão imprimindo nas células, adquirindo, portanto, a morfogênese. Os genes representarão os pontos de contato dos campos de energia com a zona física dos cromossomos. Deduz-se que, por intermédio do núcleo celular, o metabolismo da vida se expressa mais precisamente, a partir dos labores do código genético.

Os genes seriam as expressões mais periféricas dos campos de energia do espírito que, à maneira de envelope ou camada, representariam a denominada zona do psicossomo ou perispírito. Este, a cada movimento renovatório determinado pela reencarnação, apresentaria nuanças novas e novo seria também o corpo físico em formação.

Quando a energética espiritual está preparada para o mergulho na carne, sofre o natural processo de encolhimento, denotando o desaparecimento do antigo perispírito, a ponto de ocupar, praticamente, com suas irradiações, a zona uterina. Nessa situação, o corpo espiritual, como sempre, estará com sua energética projetada para a periferia, a fim de afirmar-se nos genes, dando nascimento ao novo perispírito, que logo passa a comandar o metabolismo da vida na construção de um novo casulo físico em que serão colhidas as experiências que o novo ser poderá oferecer.

O campo da energética espiritual busca, pelos impulsos da grande lei, "o bolinho físico", novas experiências e aquisições. E estará abrigado e protegido pelo campo perispiritual materno, que lhe dará o necessário amparo e a devida acolhida nessa fase de transformação e de novas adaptações. Em virtude ainda da nossa rudimentar evolução, o espírito perde, na fase reencarnatória, a conscientização do processo. Ocorre uma verdadeira hibernação a fim de que os impulsos de seus vórtices energéticos não sofram modificações pelos campos emocionais conscientes.

Estamos a sentir a complexidade que deve existir no mecanismo reencarnatório, em que conseguimos focalizar pequenos ângulos de nosso entendimento, escapando-nos, talvez, as nuanças mais expressivas do fenômeno. A análise intelectiva nos dias presentes ainda não tem condições de oferecer um equacionamento mental que possa abranger todos os campos da consciência.

A acoplagem espiritual, a que nos referimos, deve dar-se entre os genes e a estrutura cromossômica que permitirá, como se fosse um tapete, que essas unidades energéticas espirituais aí se alojem e possam manifestar as suas influências.

Ampliando mais as ideias, podemos afirmar pelos estudos desenvolvidos na psiquê humana que os genes, essas unidades periféricas das energias espirituais, teriam, cada um deles, o seu correspondente em fontes específicas nas zonas espirituais.

Assim, pode-se dizer que o espírito possuiria inúmeros vórtices de energia que se vão emancipando em aquisição nas diversas ramagens reencarnatórias. Muitos dos vórtices iriam nascendo pelos efeitos das experiências nas zonas físicas e, a cada reencarnação, pelas inúmeras experiências, o espírito absorverá o material do seu próprio trabalho construtivo. "A cada um segundo as suas obras" – o ditado popular concretiza-se nesse caso.

Esses vórtices espirituais a que denominamos de núcleo em potenciação estariam distribuídos numa determinada região do inconsciente, que, por isso, denominamos de inconsciente passado ou arcaico. É a região que carregaria todo o potencial de nossas aptidões, adquiridas nas etapas de nossas diversas vidas corpóreas. Desse modo, essa região do inconsciente ou zona espiri-

PSICOLOGIA TRANSPESSOAL: VISÃO METAFÍSICA

tual, lançaria as suas energias diretoras para a periferia, a fim de influenciar as necessárias informações e a estrutura física para prosseguir em seu bem organizado trabalho de orientação, a partir dos mecanismos do corpo físico pelos canais do código genético – relação núcleo-citoplasmático – as necessárias informações à estrutura física para prosseguir em seu bem organizado trabalho de orientação.

Assim compreendemos que um determinado espírito, quando condicionado à reencarnação, trará, a partir de seus núcleos em potenciação, todo material de que ele possui, orientando a morfogênese de seu corpo e transformando o que realmente é do seu próprio estofo.

O corpo será sempre a consequência daquilo que o espírito possui e carrega consigo. Se as suas energias são mais benéficas e mais evoluídas, só poderão criar condições que traduzem sempre harmonia, equilíbrio e tendência a um organismo físico quase sem deficiência.

O contrário, entretanto, pode ser observado com os espíritos doentes, ignorantes, ainda inferiorizados: eles, que carregam componentes de maldades e vingança, só poderão construir organizações físicas deficientes, pela distonia que possuem e que fazem parte do seu íntimo arcabouço, constituindo, tudo isso, um bem para os espíritos devedores, a fim de colherem no panorama da deficiência e das dores físicas os acordes da grande sinfonia que proporcionará o equilíbrio necessário e a ampliação das possibilidades evolutivas.

Daí, podemos dizer que não existem privilégios no "concerto" universal. Cada um possui o corpo que merece, colhendo nas deficiências, no intelecto limitado, na organização sadia ou mesmo na genialidade, tudo aquilo que a evolução necessita para se afirmar. A assertiva de que cada um tem o que merece traduz a colheita em conformidade com a sementeira, que será apurada e responsável na medida do grau de conscientização de cada ser.

Todo processamento reencarnatório terá, incontestavelmente, seu grande amparo no arcabouço materno que está para receber o espírito, a fim de que o mecanismo em questão se torne efetivo com boa margem de equilíbrio e possibilidade de realização.

Entretanto as técnicas de inseminação artificial em animais ou translados de genes de procriação e tantas outras existentes (como o bebê de proveta) são reais, mesmo sem a proteção perispiritual materna.

Quando, no porvir, o homem tiver condições para manipular a sua própria organização genética, sabendo a colheita exata da herança quanto ao sexo e às demais condições, possuirá situação moral tão avançada que compreenderá quais as reações e os motivos de uma possível interferência na intimidade da célula-ovo.

Conclui-se, diante de tudo isso, que o mecanismo reencarnatório, apesar desses pontos já descortinados, ainda apresenta muitos aspectos desconhecidos e que somente o futuro poderá dizer as razões e até onde se estendem os alicerces de seus componentes.

# TEMA 33

## COMPORTAMENTO SEXUAL: ENTREVISTA COM JHONY & KAYENY

E. M. – Qual a importância da sexualidade na vida do ser humano?

A sexualidade na limitação terráquea tem a princípio uma função reprodutora, procriativa como também de prazer. A sexualidade nos primórdios era vista como uma coisa suja, destrutiva, algo prejudicial.

E. M. – Como a sexualidade funciona sadiamente na vida das pessoas?

Para funcionar é necessário principalmente que as pessoas se aceitem como um todo, se conheçam, conheçam o seu corpo orgânico, psíquico. A partir daí, é importante saber que a sexualidade mexe mesmo com a mente do indivíduo, caso este seja tímido, desinformado. A sexualidade pode tornar-se uma faca de dois gumes, ser algo importante, maravilhoso ou até mesmo destrutivo. Há muitas causas do TOC, devido à sexualidade mal trabalhada, por falta de aceitação. O ser humano do sexo masculino foi nos primórdios criado para ser o garanhão, o reprodutor. Então ele não tinha nenhum problema direto com a sexualidade. Mas hoje ele já aparece com muitos problemas sexológicos ligados ao homem, porque ele está mais sentimental, está mais humano. Muitos casos da ejaculação precoce estão muito ligados à primitividade dele.

E. M. – Como se processa o desenvolvimento sexual?

Freud já dizia: "Tudo é sexo" na visão orgânica. Então desde a concepção do sexo até o último sopro divino, ele está passando por um processo sexual, só que em etapas diferentes. Então, desde criança temos que estar observando a criança e não podarmos as suas reações apresentadas e entendermos que o sexo é algo composto no corpo orgânico e na mente do indivíduo. Então, o processo é integral.

E. M. – Quais as doenças originárias da sexualidade mal resolvida?

O TOC (Transtorno Obsessivo-Compulsivo), esquizofrenia, ansiedade, timidez, síndrome do pânico, determinados tipos de fobias (altura, aglomerado de gente) e orgânico (tpm, doenças psicossomáticas, distúrbios neurais como: histeria, frigidez, impotência, ejaculação precoce).

E. M. – Quais as patologias mais frequentes decorrentes do sexo mal protegido?

São as DSTs.

E. M. – Por que a Aids ainda não tem cura?

O ser humano precisa ainda se educar muito sexualmente. Quem sabe a partir dessa educação venha espontaneamente a cura? É uma questão de mérito, pois a Aids é uma doença que se propagou no mundo devido à irresponsabilidade do ser humano.

E. M. – Quais os maiores obstáculos da sexualidade?

A falta de informação é um grande obstáculo. Outra podação da sexualidade é o pudor, o medo, a desestrutura familiar e a promiscuidade exacerbada que prejudica muito o ser, pode atrapalhar muito o desenvolvimento sexual do ser, como, por exemplo, as religiões.

Quanto às disfunções sexuais, existem as causas das vidas passadas, porque não conseguimos fugir das vidas passadas, não podemos fugir do nosso passado; e tem também as causas da vida presente, que não são muito diferentes umas das outras, porque as causas da vida passada são um acúmulo junto da vida presente. São débitos de vidas que não foram quitadas e, juntas, tornam-se uma bola de neve. Às vezes, a pessoa está com um tipo de patologia que na vida presente não dá para distinguir porque ele tem aquele tipo de patologia e está ligado ao passado, porque como já foi dito, tudo é sexo, energia sexual.

E. M. – Por que há seres libidinosos ou potentes mais que outros?

Isso aí tem a ver com a vida pregressa do indivíduo, com o passado e com o presente. No passado, em outras vidas, se o indivíduo teve muitos problemas sexuais, como exemplo: se ele abortou, se ele se prostituiu, com certeza ele vem um pouco desregrado, e se ele vem desregrado, ele vem um pouco frígido, ou ele pode ser desregrado pra mais ou pra menos, tipo um maníaco.

E. M. – Como explicar o sexo prazer e o sexo procriação?

O sexo procriação é mais coisa do passado. Com a emancipação feminina, o sexo procriação caiu e o sexo prazer passou a trazer a paz, mas é algo que precisa ter muito cuidado, porque você não pode confundir prazer com libidinagem. O sexo procriação é o sexo castrado reprimido, já o sexo prazer é o sexo livre com responsabilidade, emancipado, é transar o sentimento, o amor. Daí, o ciúme tentar fazer o controle, pois no início utilizava o sexo instintivo.

E. M. – E a repressão sexual como fica?

É que as pessoas estão ainda muito no passado, na primitividade, ou com a mente retroativa ao passado, tanto o passado dessa vida quanto ao passado dos ancestrais. Isso prejudica muito o desenvolvimento sexual, as pessoas ainda estão muito primitivas mentalmente do que é realmente o sexo. Talvez possam não compreender muito esse ponto de vista, mas é o que penso. A evolução fez com que o sentimento evidenciasse e o instinto não.

E. M. – Qual a relação do sexo com o amor?

Sexo é simplesmente transar por transar e o amor é um sentimento altamente positivo, distinto de uma reação orgânica. O sexo é o desejo que o indivíduo sente pela reação orgânica, agora o amor não, o amor vem da alma, do coração; é algo muito profundo. Então quando você transa e

JOSÉ EVILÁSIO DE MOURA

faz uma troca por amor, a reação, a explosão de energia é muito maior e, consequentemente, o benefício mental é maior do que o sexo pelo sexo.

E. M. – Por que o sexo funciona como um atrativo nas relações humanas?

Porque o ser humano organicamente precisa, necessita de contato, trocar energia. O sexo funciona como um aconchego, uma forma de comungar, trocar energia. O ser humano é carente e essa carência ao sexo, no momento da transa em si, você troca energia e, automaticamente, você neutraliza essa carência, dependendo do tipo de transa.

E. M. – Quais as raízes ou origem da sexualidade?

O ser foi constituído pra procriar. Ela surgiu para haver a procriação, nada de Adão e Eva, isso é mito. O primeiro homem e a primeira mulher que surgiram na terra se encontraram e sentiram a mesma atração ou tesão que sentimos hoje, eles também sentiram lá naquela época. No que a reação era instintiva.

E. M. – Por que não ao princípio do prazer?

Entendo que o prazer é positivo, desde que não ultrapasse as normas, as estruturas.

E. M. – Por que o sexo e o erotismo sempre foram proibidos?

O sexo deve ser encarado e trabalhado de forma organizada. O sexo e erotismo são positivos, é natural, mas precisa ser dosado; pois tudo demais é prejudicial, é veneno. O sexo não adianta castrar porque fica mais promíscuo.

E. M. – Como dissolver os complexos sexuais?

Desde os primórdios, o sexo foi podado, as religiões podaram muito, mas apesar de toda repressão, pode ser trabalhado psicologicamente. O indivíduo deve ser ele mesmo e exaurir suas energias, não ver sexo como algo sujo. O sexo é vida, é saúde, é positivo. Para isso, é preciso desde cedo gostar do corpo.

A podação da sexualidade é algo profundo que nasce do próprio corpo. É preciso cortar o tabu da virgindade, o que precisa é trabalhar a moral.

E. M. – Por que o sexo sempre foi considerado um tabu?

Os indivíduos foram feitos, a princípio, para procriar, mas quando o sexo passou a ser sentido e visto como prazer, amor, as religiões destrutivamente passaram a podar ainda mais o sexo a partir do moralismo, da castração, da repressão e o sexo passou a ser um tabu. Mas o sexo bem feito é vida, é saúde.

E. M. – Qual a importância e a função da masturbação?

A masturbação é muito importante, porque o corpo precisa dessa transfusão energética, o corpo precisa de sexo e a masturbação funciona como uma válvula de escape.

A masturbação é o sexo solitário, que acontece desde os primeiros anos de vida, em que cada fase tem uma reação diferente, uma função de sublimar energia e, quando feita de forma não excessiva, é importante e benéfica. Assim, tanto a masturbação como o sexo em excesso são prejudiciais.

E. M. – Qual a psicogênese das doenças sexuais?

Porque a sexualidade está relacionada com as origens do ser, com as energias genésicas, devido à primitividade do indivíduo e à falta de controle dele, dos seus impulsos e instintos. O ser humano foi criado para ser o garanhão, o reprodutor, não tinha nenhum problema com a sexualidade. Hoje ele aparece com muitos problemas sexológicos, devido a ele ter desenvolvido os sentimentos e estar mais humanizado.

Hoje, sabemos que muitos casos de impotência sexual masculina, ejaculação precoce, frigidez estão muito ligados à primitividade.

E. M. – Quais os obstáculos mais frequentes à sexualidade?

O problema da sexualidade é que não há um preparo sexual desde o nascimento para que o corpo passe a desenvolver melhor. Temos que entender que sexo é vida, e devemos saber trabalhar melhor a vida.

**Obs.: E.M = Evilásio Moura**

## Considerações sobre sexo e transcendência

O sexo é algo importante para o corpo humano, desde que seja organizado, que não seja promíscuo. Como vimos, nós temos sete chakras maiores e muitos outros menores, além de vários dispositivos e chips pelo corpo. Devido a isso, quando a pessoa tem uma relação sexual ou transa, que não seja só pelos instintos, esses chakras são as camadas áuricas (sete), todas têm uma descarga de energia. Dessas, na hora do sexo, quatro camadas fazem a descarga total. Se você utiliza do sexo somente pela reação de instinto, ela vai descarregar 50%. Mas se você pratica ou faz sexo por amor e instinto, a descarga é de 100%.

**SEXO** – é desenvolvimento energético. O único planeta que usa sexo como descarga energética é o planeta Terra; os outros planetas usam diferente, cada planeta tem uma forma de trocar energia.

**SEXO E TRANSCENDÊNCIA** – saber praticar o sexo de forma certa, na medida certa, com parceiro certo e com amor é muito importante para o desenvolvimento para saúde física e mental.

## A Energia orgânica e orgônica

A energia sexual é dividida em várias energias: a genésica orgânica que funciona mais primitivamente em termos de descarga. Quando se abrem os canais, abrem-se vários tipos de energia que podem ser positiva ou negativa. A energia orgânica tem suas reações.

Já a energia orgônica, o sexo por outros motivos, descarrega essa energia totalmente e libera a energia rósea da quarta camada dos chakras, que é a mais potente de todas e está ligada à energia orgônica em que a descarga e reação é total no corpo e chega até a alma.

Sem alma ninguém vive. A sexualidade trabalhada na alma vai estar preparada, iluminada. Se estiver reprimida, a alma também está reprimida. O perispírito é a vestimenta da alma.

A prática de exercício também é altamente importante para o bem-estar da alma, pois o sexo não é só troca de energia com o outro.

A masturbação torna o indivíduo menos, é uma questão de exercício. A função do sexo na masturbação, 25% é para o indivíduo se aliviar, 50% tem a função de procriar e 100% quando é praticado com amor, a descarga no chakra do baço provoca um alívio da alma.

## Doenças sexuais (origem)

E. M. – Por que os problemas humanos são sexuais, segundo Freud?

O sexo faz parte da vida, mas não é tudo. Tudo não é sexo, mas o sexo está ligado a tudo. As energias genésicas fazem parte da dimensão orgânica.

E. M. – Como explicar os fetiches?

Os fetiches são fantasias mentais, uma forma que o sexo arruma para satisfazer, é natural. É uma fantasia mental em que o indivíduo reprimido fantasia, mas não tem coragem de ir falar.

E. M. – Quais as consequências da psiquê castrada ou reprimida?

O primeiro sintoma é o TOC. Segundo: o estresse excessivo, a somatização, que envelhece mais. Quem sofre de ejaculação precoce apresenta vários distúrbios mentais; os que sofrem de síndrome do pânico e problemas mentais também tiveram problema ligado à castração.

E. M. – Como explicar o comportamento sadomasoquista?

Está ligado à vida passada, à castração interior, a bloqueios e sensações prazerosas, pois os canais estão bloqueados para o indivíduo não sentir prazer, daí tem que fazer algo diferente para ele sentir dor ou prazer.

# TEMA 34

## PARADIGMA TRANSPESSOAL

Na Psicologia Transpessoal, compreendemos que somos seres espirituais e que a nossa mente é a expressão dessa entidade fundamental que produz a energia imaterial criadora das nossas ideias.

O corpo é instrumento da nossa vontade, que nos permite viver a experiência física no mundo em que vivemos. Ambas, mente e corpo, estão submetidos a leis de progresso inconstante para todos.

O corpo é perecível, enquanto a mente, como expressão da nossa alma, sobrevive à morte e renova as suas experiências na dimensão física e na erraticidade.

O pensamento é energia que expressa nossos desejos. Somos sensibilizados por estímulos externos que desencadeiam percepções cerebrais de várias matizes. As cores, os sons, os sabores ou os afetos geram em nós emoções que despertam desejos, criam ideias e organizam pensamentos que expressamos pela linguagem. Essa experiência sensorial nos permite desenvolver reflexos, hábitos, instintos, automatismos, discernimentos, raciocínio e finalmente a inteligência e a consciência de nós mesmos, num processo evolutivo do ser unicelular ao homem, este com cem bilhões de neurônios. Por efeito das vibrações que emitimos ao pensar estamos obrigatoriamente ligados, por sintonia mental, a todas as criaturas que no mundo inteiro pensam como nós (pensamento coletivo). O conteúdo de qualquer pensamento materializa ideias em ondas mentais que nos acompanham como uma atmosfera psíquica. Somos responsáveis diretos por esse ambiente psíquico que criamos às custas dos nossos desejos. Porém somos escravos das ideias que fixamos para nós mesmos e das sugestões que nos incomodam.

O nosso corpo material é constituído de células que aglutinam sobre o comando da mente que reflete sobre elas as vibrações das ideias que produz. Portanto o nosso organismo é reflexo da vida mental que elaboramos para nós mesmos.

Cada um de nós recebe, para nascer e viver, de acordo com seus compromissos, uma cota de vitalidade por conta do "Princípio Vital", fonte de energia divina, que sustentará a vida orgânica dentro do prazo que nos for concedido viver.

A interação entre a mente e o corpo processa a energia do espírito no tom adequado para ser decodificado pela célula do corpo físico.

Todas nossas atitudes implementam memórias na alma que, boas ou más, vão repercutir na estruturação de novos corpos que vamos ocupar no futuro. Assim, as lesões congênitas são reflexos de nós mesmos, ou permitimos alguns desvios com o próximo, repercutindo inexoravelmente em nós mesmos, exigindo, mais tarde, resgate.

As doenças do corpo ou da alma são processos de aprendizado e iluminação da alma.

# TEMA 35

# PENSAMENTO DOS *MÍSTICOS*, FILÓSOFOS, CIENTISTAS E METAFÍSICOS

## 35.1 OCULTISMO

A vida mística é uma vida mágica, integralmente cheia de magia. Primeiramente, por se tratar de vidas ocultas. O ocultismo é algo plenamente sutil, em algumas dimensões imensuráveis.

Na Antiguidade, a ciência não era ainda dividida e o ocultismo fazia plenamente parte da ciência. Os magnetizadores da época acreditavam que a ciência era uma magia plena.

Os místicos têm uma visão muito aguçada: eles visam ao poder interior e exterior de todos os seres, terráqueos ou transcendentais. Tudo é vago para os místicos. Essa visão é totalmente metafísica. Na realidade, o misticismo é um pouco de tudo: de Filosofia, de metafísica, de espiritismo com uma dose muito alta de ocultismo. Aliás, existe uma falta muito grande de conscientização sobre o que é o misticismo. No misticismo, estuda-se o ocultismo, a integração das vidas.

Paracelso dedicou mais da metade de sua vida ao estudo das ciências ocultas. Foi um místico conceituado, o precursor, o idealizador da tese microcosmo/macrocosmo. Na opinião de Paracelso, o microcosmo é a dimensão de todos os seres vivos (inclusive o homem); e o macrocosmo é o universo de forma integral. Paracelso foi um dos primeiros alquimistas do plano terreno. Ele acreditava na transformação do ferro em ouro e a transformação do ser de forma plena. E propagou suas ideias. Do ponto de vista dele, assim como os metais podiam ser transformados, os seres humanos também e vice-versa.

Paracelso foi e é muito estudado pelos magnetizadores da época dele e pelos atuais. Ele fez parte da ordem *Rosacrucis*.

Além de todas as idealizações, Paracelso deixou muitos exemplos para seus seguidores no sentido de humanização. Foi considerado um dos místicos mais humildes da história e todas as pessoas que tinham acesso a ele voltavam satisfeitas porque ele tinha uma integração de forma plena com o ser. Essa integração com o ser terreno, os magnetizadores trabalham de uma forma holística, já que não há uma separação entre o microcosmo e o macrocosmo. Existe uma integração entre esses dois polos, que se transformam em um só.

O primeiro seguidor de Paracelso foi o pensador e místico Agripa que, aos 24 anos, já tinha lido toda a obra de seu mestre de quem foi um discípulo ferrenho. Agripa foi muito criticado porque tudo que é diferente é mais percebido que o igual. Depois de ler toda a Filosofia e toda a história de Paracelso, Agripa escreveu um livro com o título *Filosofia da Arte Oculta*; mas, por causa das interferências da Inquisição, o livro só foi publicado dois anos antes da morte de Agripa.

Para Agripa, o remédio e o médico fazem mais mal que a doença. Para ele, na maioria das vezes os remédios são prescritos de forma errônea e os médicos não estão pensando no bem-estar do paciente. Assim sendo, o paciente vai buscar a solução para um problema e volta com mais um. Então, Agripa pensava que seria mais importante as pessoas acreditarem mais nelas mesmas e procurarem remédio e médico somente quando não houvesse outra saída. Na realidade, Agripa não tinha muita afinidade nem com médicos nem com remédios. Ele acreditava muito na natureza, nos poderes do macrocosmo, na própria integração do homem com a terra, o ar, o fogo e a água. Ele pregava as ideias de Paracelso e acreditava que se você tivesse essa integração você alcançaria a autocura.

Agripa fazia palestras em várias universidades, principalmente a de Dolen. Ele não passava muitos anos numa única universidade porque era muito criticado e tinha que procurar patronos em outras universidades e outras cidades. Ele viveu 52 anos e morreu exilado numa prisão da forma mais infeliz possível. Tudo isso porque, na verdade, geralmente os seres que resolvem ajudar a humanidade, que falam o que pensam e que externam

PSICOLOGIA TRANSPESSOAL: VISÃO METAFÍSICA

os seus sentimentos, dificilmente vão terminar os seus dias numa "cama perfumada". Tais pessoas tendem a terminar seus dias de uma forma difícil porque a própria humanidade introjeta e projeta isso para o ser (principalmente quando este ser tem uma grande missão para ajudar a evolução da humanidade). A tendência é que esse sofra muitos castigos, não pelos poderes divinos, mas pelas pessoas insatisfeitas, já que o ser satisfeito com a vida jamais julga o outro.

Agripa foi uma das maiores vítimas da Inquisição. Chegou a acreditar que se perguntassem para ele hoje o que ele acha da Inquisição, talvez ele dissesse: "A Inquisição é a pulga no cavalo do bandido. Eles não dão sentido à vida terrena. Eles não contribuíram positivamente para a evolução terrena". Enfim, o universo, na opinião de Agripa, estaria muito mais positivo se não existissem tantas pedras no caminho dos idealistas. Os idealistas caminham "empurrando" as pedras, levando-as na cabeça, mas eles vão, mesmo com dificuldade.

Para Agripa, o universo é infinito, Deus é supremo e o ser humano tem a sua supremacia. Depois de Agripa, veio Mesmer, que foi um seguidor parcial de Paracelso. Mas Mesmer já tinha um ponto de vista próprio: ele trabalhou o magnetismo animal. Segundo ele, existia na base neurológica do ser humano um sistema neural magnético animalesco.

Mesmer foi muito inteligente, estudou medicina e artes das ciências ocultas, mas foi considerado charlatão justamente porque quando se trabalha com esse lado sutil é muito difícil comprovar totalmente a existência da realidade do que se está a dizer no momento.

Os pacientes de Mesmer, em sua maioria mulheres, na realidade eram mais obsidiadas que neuróticas; mas, para a visão da época, eram neuróticas.

Ele fazia estudos com a energia solar e as energias terrenas. Ele procurava integrar essas energias e trazer o mais positivo que fosse para transmitir aos seus pacientes. Foi um grande magnetizador. Ele não foi tão polêmico quanto os que foram citados (Paracelso e Agripa), até porque ele não dava muita atenção para as críticas que faziam contra ele. Ele defendeu suas ideias e, a partir delas, foi criado o mesmerismo. Os seguidores do mesmerismo foram mais radicais que o seu mestre. Eles queriam provar a existência desse magnetismo animal e a existência de todas as energias que Mesmer disse que existia. Naturalmente, eles não conseguiram provar tudo e até hoje não há certeza sobre tudo isso.

Na realidade, os místicos buscavam mostrar a existência do terceiro olho (o olho da alma), que os organicistas e materialistas não conseguiam ver.

Depois de Mesmer e do magnetismo vieram o Barão do Porto e Alan Kardec propagando o espiritismo.

Os místicos de hoje são muito fracos e não tenho conhecimento neste ano de 2020 de nenhum místico que seja autêntico seguidor de Paracelso, que foi, ao meu ver, o maior místico do mundo e deixou muitas coisas importantes para o plano terreno. Infelizmente, a grande maioria da população terrena nem sabe quem foi Paracelso e muito menos Agripa.

Mesmer, por sua vez, foi mais conhecido e, a partir dos místicos, ainda temos muito que aprender.

# TEMA 36

## MISTICISMO E FILOSOFIA

A Filosofia em si é puro misticismo e o misticismo é Filosofia pura. Dependendo do ângulo do qual se vê e que se estuda, e dependendo também da dimensão em que cada um está, da visão que cada um tem, entende-se a Filosofia como algo plenamente sutil, plenamente místico.

Desde o início dos tempos, os primeiros representantes da humanidade trouxeram a Filosofia e ela foi um investimento universal para a dimensão humana. No decorrer desse desenvolvimento, a Filosofia foi e vai às raízes do magnetismo, da psicologia da duplicidade do sonambulismo. Isso porque a maioria dos filósofos tem um embasamento magnético quando eles falam dos elementos básicos da natureza. O magnetismo está integrado ao desenvolvimento desses elementos.

Todos os filósofos visavam aos poderes universais, o que engloba o misticismo. O misticismo foi e continua sendo muito confundido com feitiçaria, magia negra e candomblé. O misticismo não é nada disso. Ele é algo sutil que poucos tiveram a oportunidade de desvendar e faz parte da natureza humana. Ele só é alcançado por aqueles que fazem uso do terceiro olho. É a base do poder universal e, como disse o poeta Kalil Gibran, "A felicidade e a tristeza andam juntas". Parafraseando, hoje posso dizer que a Filosofia e o misticismo andam juntos e abraçados.

# TEMA 37

## DO MAGNETISMO AO MISTICISMO

Paracelso, famoso médico grego, estudou na Universidade de Basiléia (Suíça), depois começou uma série de viagens que durou mais de 20 anos. Visitou vários países europeus, inclusive Rússia e Áustria. Paracelso foi iniciado nos segredos alquímicos e herméticos supremos por um colégio de sábios de Constantinopla.

O magnetismo de Paracelso era a vida universal. Para ele, tudo é vivente; a vida que existe nos metais, como nas plantas, pode ser transmitida dessas ao homem. A palavra "Magnetismo" provém dele que compara a força emitida pelos homens à atração que o ímã magnético exerce sobre o ferro.

Paracelso admitia que a ciência tem a impostergável missão de libertar o homem dos males que o afetam, por isso, o saber não é tão somente uma contemplação, mas é evidentemente o domínio sobre as forças mágicas, em conhecimento para dirigir os princípios vitais que enraízam no fundo de cada ser vivo, contra os elementos contrários.

Depois de Paracelso, os seus discípulos continuaram os trabalhos do mestre, porém praticamente às escondidas, devido às perseguições de religiosos e médicos.

## 37.1 REFLEXÕES MÍSTICAS DE AGRIPA

Quando Agripa atingiu a idade de 24 anos, já havia estudado as obras então disponíveis sobre o magnetismo. Ele proferiu conferências sobre os mais variados assuntos nas universidades de Dolen e Tesia, em 1518. Ele foi nomeado advogado da cidade e orador em Metz, região de Lorena, França. Em consequências de suas várias fraquezas, estava frequentemente em dificuldades; quando, então, ele era obrigado a procurar novos patrões em novos campos. Em 1524, foi nomeado médico, junto à Luísa de Saboia, mãe de Frederico I da França. Seu livro, *Filosofia das artes ocultas*, colocou-o em má situação junto à Inquisição, cujos líderes tudo fizeram para impedir a sua publicação em 1533.

Dois anos antes da morte do autor, a primeira e única tradução em língua inglesa apareceu, mais de um século depois, precisamente em 1651.

Ele dizia que o homem representava o microcosmo, parte rética do universo. O macrocosmo, Deus. Era lógico concluir que seria absurdo se os céus, as estrelas e os elementos, que são para todos os seres por fonte de vida e de alma, faltassem essas fontes, como se todo problema e todas as árvores fizessem parte de um destino mais solene que os estudos e os elementos que são os seres criadores naturais. Para Agripa, não parecia impossível poder o homem ocasionalmente ganhar ascendência sobre a natureza.

Dizia ele, o mundo é triplo, isso é, elementos, sideral e espiritual.

Tudo o que está mais básico é governado pelo que está mais alto e recebe daí a força. Assim, o arquiteto do universo deixa o poder de sua onipotência fluir a partir do mineral, das plantas, dos animais e, daí, toda arte de cura apoia-se somente em experimentos "ferozes" e na fragilidade do enfermo. O que fez mais mal do que bem, geralmente, faz mais perigo no médico e no remédio do que na doença.

Agripa, que tanto influenciou Paracelso, tornou-se o precursor dos estudos sobre o magnetismo, seus últimos anos de vida foram infelizes, morreu no exílio, pobre e abandonado.

## 37.2 MESMERISMO

Franz Antoni Mesmer nasceu em Iznang, Suíça, em 1734, e desencarnou em Murburg, Alemanha, em 1815.

Ainda jovem, partiu para Viena, onde se tornou doutor em medicina. Quando se mudou para Paris, redescobriu o magnetismo animal, que num livro publicado em 1789 descreveu como um princípio que atua sobre os nervos do corpo. Ele era bastante instruído, com coragem suficiente para afastar-se de algumas práticas convencionais de seus colegas médicos. Muitos de seus colegas o consideravam charlatão.

Mesmer sintetizou sua teoria do magnetismo animal em 27 proposições, que publicou no final de suas memórias mais importantes dessas proposições.

Existe uma influência mútua entre os corpos celestes, a terra e os corpos animados.

Um fluído universal definido e contínuo de modo a não apresentar nenhum vazio, de sutileza incomparável e que, pela sua natureza, é capaz de receber, propagar e comunicar todas as imperfeições do momento.

O corpo animal sofre os efeitos alternativos desses agentes a insinuar dentro das substâncias dos nervos que eles os acessam imediatamente.

Manifesta-se particularmente no corpo humano propriedade semelhante às do ímã: nele distinguem-se polos igualmente diferentes e opostos que podem ser comunicados, transformados, instruídos, intensificados; ainda se observa o próprio fenômeno do ângulo magnético.

A propriedade do corpo que o torna sensível às influências dos corpos celestes e à ação recíproca das que os cerca, manifestada pela sua semelhança com o ímã, fez-se chamá-la de magnetismo animal.

Esse sistema fornecerá o novo esclarecimento sobre a natureza do fogo e da luz, assim como para a teoria da gravidade e refluxo do ímã e da elasticidade.

Reconhecer-se-á pelo fator, regulando às regras práticas que estabelecerei, que esse princípio pode curar imediatamente doenças dos nervos. As teorias sobre os fluídos de Mesmer receberam consideravelmente apoio do barão Kalalvon Reicheavach (1788 a 1869), naturalista alemão cujos pacientes eram sensíveis à força ódica.

## 37.3 MAGNETISMO

O contato dos polegares das mãos e as fricções, ou certos gestos que se fazem a pouca distância do corpo, que os magnetizadores chamam

JOSÉ EVILÁSIO DE MOURA

"passe", são os mais empregados para transmitir a ação do magnetizador ao magnetizado.

Os meios que são externos invisíveis nem sempre são necessários, visto que, em muitas ocasiões, a vontade ou o olhar fixo bastaram para produzir os fenômenos, mesmo que os magnetizados ignorassem o que se esperava dele.

O tempo gasto em transmitir a influência magnética e em fazer sentir os seus efeitos variáveis segundo os casos sujeitos é entre um minuto e uma hora.

O magnetismo, em regra, exerce pouca influência ou nenhuma sobre a pessoa sadia.

Também não exerce influência igual sobre todos os enfermos.

Algumas vezes, enquanto se magnetiza uma pessoa, observam-se fenômenos que têm a sintomatologia da opressão, calor ou frio, e muitos outros efeitos nervosos que nos aparecem devido à intervenção de agentes particulares, como a esperança, o temor e a ansiedade, provocados pelo imprevisto do ato. A monotonia do gesto, o silêncio, o repouso e a imaginação.

Os efeitos reais, produzidos pelo magnetismo, são muito variados: a uns, agita-os, e a outros, acalma-os; ordinariamente, causam aceleração temporária da respiração, da circulação, movimentos voluntários passageiros; estados febriformes que não se mantêm, algumas sensações esquisitas, semelhantes à descarga elétrica; entorpecimento geral dos músculos, sonolência e, em contados casos, o que os magnetizadores classificam de sonambulismo.

O sono, provocado com mais ou menos prontidão elevado a um grau mais ou menos profundo, é um efeito real do magnetismo.

Mergulhada uma vez uma pessoa no sono magnético, não há necessidade, no futuro, de se recorrer ao contato nem aos passes para magnetizá-la de novo.

Os olhos do magnetizador ou apenas a sua vontade obtêm o fenômeno, mesmo a qualquer distância. Nesse caso, é possível não só adormecer uma pessoa, mas ainda colocá-la em completo estado de sonambulismo

PSICOLOGIA TRANSPESSOAL: VISÃO METAFÍSICA

e fazê-la ver, a partir de corpos opacos e até descrever o que se passa a considerável distância.

Nos indivíduos que caem em sonambulismo pela influência magnética, opera-se de ordinária transformação mais ou menos acentuada, relativamente às suas percepções e faculdades sensoriais.

Observamos dois pacientes que distinguiam com os olhos tapados os objetos que se colocavam à sua frente; e descreviam, rigorosamente, o valor e o naipe das cartas, liam frases traçadas no espaço com os dedos e as linhas que se lhe indicava de um livro tomado ao acaso. Esse último fenômeno se repetiu com igual resultado estando o livro fechado. Comprovamos em dois pacientes a faculdade de prever os fatos orgânicos mais ou menos distantes e complicados.

Um deles anunciou com muitos meses de antecipação a hora e os minutos exatos em que começaria e cessaria um ataque epilético; outros indicam, sem se enganar, a ética de sua cura. As previsões realizaram-se sempre com exatidão assombrosa.

A comissão, tendo à frente o Dr. Foissac, chegou à seguinte conclusão: "Considerando o magnetismo como o agente de fenômenos fisiológicos ou como elemento terapêutico, é nossa opinião que deveria entrar no quadro de ensino da medicina e ser empregado exclusivamente por médicos ou, sob sua orientação, por especialistas comprovados".

### 37.3.1 Hipnose

As experiências desenvolvidas por Dr. James Braid seriam aprofundadas, até certo ponto, por um talentoso médico que morava perto da cidade Nancy. O Dr. Ambroiss August Liébeant deu aos seus pacientes duas opções: remédios convencionais pagos ou tratamentos por hipnose grátis.

Quando ele curou por hipnose um paciente ciático que fazia tratamento sem sucesso pelo Dr. Hipollyte Bernhein, um professor de medicina da universidade de Nancy o Dr. Bernhein terminou juntando-se ao Dr. Liébeant. Os dois trataram mais de 12 mil pacientes em suas clínicas de hipnose, que também atraíram visitantes importantes como Sigmund Freud.

Obs.: Sigmund Freud (de 1856 a 1939) afirma-se um hipnotizador ineficiente, considerou os resultados com seus pacientes um tanto quanto inconsistentes, levando-os, então, a aprofundar as pesquisas psicanalíticas que, segundo ele, seriam mais eficazes no conhecimento dos mecanismos enigmáticos do psiquismo humano.

## 37.3.2 Reflexões de Alan Kardec sobre o Magnetismo

### Diz Alan Kardec

O fluído universal é o elemento primitivo do corpo humano do perispírito, que dele não são senão transformações. Pela identidade de sua natureza, esse fluído, considerado no perispírito, pode fornecer ao corpo os princípios reparadores. O agente propulsor é o espírito, encarnado ou desencarnado, que infiltra meu corpo determinando uma parte da substância do seu envoltório fluídico: a cura se opera pela substituição de uma molécula sã e uma molécula não sã. O poder curador está, pois, em razão da pureza da substância inoculada; ele depende, ainda, da energia da vontade, que provoca uma emissão fluídica mais abundante e dá ao fluído maior força de penetração; em si, as intenções que animam aquele que quer curar, que seja homem em espírito. Os fluídos que emanam de uma fonte impura são como substâncias medicinais.

Os efeitos da ação fluídica sobre a enfermidade são extremamente variados, segundo as circunstâncias; essa ação agora algumas vezes é lenta e reclama um tratamento continuado como no magnetismo comum. De outras vezes, ela é rápida como sua corrente elétrica. Há pessoas dotadas de uma força tal que elas operam, sobre certos enfermos, cura instantaneamente só pela imposição das mãos, ou mesmo só por um ato de vontade (o que acontecia frequentemente com o Cristo, cujas curas, espetaculares, até hoje impressionam todos pela mística como milagre).

Entre os dois polos extremos dessas faculdades, há mudanças infinitas, todas as curas desse gênero não são variedades do magnetismo e não diferem senão pelo poder e a rapidez da ação.

Observação: os fluídos universais dos espíritos foram ridicularizados até pouco, mas já é admitido pela ciência, com outros nomes: "O oceano de elétrons" da teoria de Riraac; "Os campos de força", "O poder desconhecido que está por trás da energia", segundo Arthur Conccon.

O princípio é sempre o mesmo: é o fluído que desempenha o papel do agente terapêutico, cujos efeitos estão subordinados à sua qualidade e a circunstâncias especiais: a ação magnética pode se produzir de várias maneiras.

1º Pelo próprio fluído do magnetismo, o magnetismo propriamente dito, ou o magnetismo humano, cuja ação está subordinada ao poder e, sobretudo, à qualidade do fluído;

2º O fluído dos espíritos agindo diretamente, sem intermediário, sobre um encarnado, seja para curar ou para acalmar um sofrimento; seja para provocar um sonambulismo espontâneo, seja para exercer sobre o indivíduo uma influência física ou moral qualquer;

3º Pelos fluídos que os espíritos despejam sobre o magnetizado e ao qual este serve de conduta. É o magnetismo misto, semiespiritual ou querendo-se humano espiritual.

Os fluídos espirituais combinados com o fluído humano, dão a este as qualidades que lhe faltem. O concurso dos espíritos, em semelhantes circunstâncias, é por sua vez o mais frequentemente provocado pelo pedido ou pela evocação do magnetizador.

A faculdade de curar por influência fluídica é muito comum e pode se desenvolver pelo exercício: mas a de cura, instantaneamente, pela imposição das mãos é mais rara e o seu apogeu pode ser considerado como excepcional. Entretanto foram vistos em diversas épocas e quase entre todos os povos, indivíduos que a possuíam em graus diferentes. Nesses últimos tempos, viram-se vários exemplos notáveis, cuja autenticidade não pode ser contestada. Uma vez que essas espécies de cura repousam sobre um princípio natural e que poder operá-las não é um privilégio é que elas não contrariam a natureza e nada de miraculoso, senão a aparência.

Muitos usam a inteligência para o bem ou para o mal, já que inteligência não é sinônimo de bondade nem de moral. Tem muita gente que é inteligente, mas fere os códigos éticos e comete muitas atrocidades. Há outras pessoas que usam a inteligência para o bem comum, como, por exemplo, entre outros: Sócrates, Jesus Cristo, Mahatma Gandhi.

A inteligência é uma faculdade especial. Quando usada para fazer o bem, apresenta resultados extraordinários como no mapeamento do código genoma, em que foi um ato integralmente inteligente dos cientistas organicistas na virada do século XX e início do século XXI.

Já quando se usa a inteligência para o lado maléfico, o que se obtém são horrores. Muitos seres agem instintivamente. O instinto é uma inteligência sem raciocínio e pode ser usado tanto para o bem quanto para o mal.

Há dois princípios básicos de moralidade e ética: o princípio de justiça e o de igualdade. O primeiro sonha realizar o maior bem possível para todos e o segundo prescreve a distribuição igualitária desse bem ético.

O filósofo Platão costumava dizer que não é possível ser justo na cidade injusta e que a realização da ética filosófica implica não só na educação do homem, mas na reforma da sociedade e do Estado.

O sentido da Filosofia ("amor à sabedoria", em grego) é conduzir o homem do mundo das aparências, ao mundo da realidade, ou da contemplação da sombra à visão das ideias inevitáveis e eternas, iluminadas pelas ideias supremas do bem.

# TEMA 38

## PENSAMENTO DOS FILÓSOFOS

Os filósofos não pensavam tão diferente dos místicos; mas, na verdade, a Filosofia abriu o caminho para o misticismo e os primeiros filósofos eram muito integrados à natureza. A visão deles (expressa principalmente pelas suas teses) era desenvolvida buscando um meio de viver, na maioria dos casos. O mais importante é que eles tinham ideias próprias. Alguns divergiam dos outros e ninguém pensava de forma igual. Assim como os magnetizadores, cada um desenvolveu diferentes teses.

O pai da Filosofia grega foi Tales, fundador da escola de Mileto, que foi um dos primeiros humanos a dizer que a terra era redonda e que a lua não tinha luz própria. Tales previu também um eclipse no sol. Tinha pensamentos muito profundos: era um idealizador com os olhos muito voltados à questão do humanismo, da integração humana e do desenvolvimento da humanidade.

No decorrer dos séculos da Filosofia, apareceram muitos pensadores e um dos mais importantes da História foi Heráclito de Éfeso. Ele dizia que "ninguém toma banho duas vezes no mesmo rio" porque as águas e o homem que toma banho nelas mudam.

O filósofo Eleata Parmênides apareceu para contradizer o "devir" de Heráclito e asseverava que o ser é imutável. Ele dizia que o ser é e o não ser não é. E eu digo: entre os dois pontos de vista, eu fico com Heráclito porque acredito na mudança. Nada se repete; tudo é mutável. Creio que Parmênides se enganou piamente, enquanto Heráclito acertou plenamente. Isso é um exemplo para todos nós – saber que uns acertam e outros erram e que ninguém está plenamente certo da palavra. Estamos na escola da vida, ensinando e aprendendo.

Heráclito acertou: existe realmente a modificação. O ser humano é mutável e essa mudança pode ter um significado positivo ou negativo, dependendo da estrutura do modificador, do todo em si.

Mas ainda hoje há muitos que seguem Heráclito e muitos que seguem Parmênides. Cada um segue dependendo da visão que possui. Quem tem uma visão ampla, vê as coisas de cima; quem tem uma visão fechada, vê as coisas de baixo e assim segue a vida.

Mas Heráclito, assim como Parmênides, foi um grande filósofo. O que seria da água se não fosse o vinho e o que seria do vinho se não fosse a água?

Sócrates foi considerado o divisor de águas da Filosofia grega – aqueles que vieram antes dele foram denominados "pré-socráticos" e aqueles que vieram depois dele foram identificados como "pós-socráticos".

Sócrates disse. "Eu só sei que nada sei". Com esse pensamento e com o "Conhece-te a ti mesmo" e a utilização da maiêutica, Sócrates conseguiu fazer uma plena idealização de vida, sendo hoje reconhecido como um dos maiores filósofos da humanidade.

Aprendi com Sócrates que a integração do si mesmo precisa de uma participação plena do acreditar e da idealização interior que se faz de si próprio. Se eu não busco essa integração e espero que o outro faça por mim, jamais chegarei a essa interiorização.

Depois de Sócrates, surgiram Platão e Aristóteles. O primeiro idealizou o "mito da caverna" e o segundo acreditava que o ser celestial estava ligado à terra e que nada chegaria à nossa mente sem antes ter passado pelos nossos sentidos.

Cada um desses filósofos deu sua contribuição para o entendimento e o desenvolvimento da vida. Todos colaboraram para o nosso desenvolvimento atual, pois o próprio termo "Filosofia" significa "amigo da sabedoria". E a sabedoria é muito importante para o desenvolvimento humano.

# TEMA 39

## MISTICISMO CHINÊS

**YIN/YANG**

Dois polos arquetípicos japoneses.

Desde os tempos remotos, os dois polos arquetípicos da natureza foram representados não apenas pelo claro e escuro; mas, igualmente, pelo masculino e feminino, pelo reflexível e pelo dócil, pelo acima e pelo abaixo.

O Yang, o forte, o masculino, o poder criador, esse está associado ao self; enquanto o Yin, o escuro, o receptivo, o feminino, o material, era representado pela terra.

O céu está acima e está cheio de movimento; a terra – na antiga concepção geocêntrica – está embaixo e em repouso; dessa forma, Yang passou a simbolizar o movimento, e Yin, o repouso.

No reino do pensamento, Yin é mente interativa, feminina e complexa, ao passo que Yang é o intelecto, masculino, racional e claro. Yin é a tranquilidade contemplativa do sábio. Yang é a vigorosa criação do reino.

O caráter dinâmico do Yin e do Yang é representado pelo antigo símbolo chinês denominado por "Taichi-tu" ou diagrama do supremo fundamental.

Esse diagrama apresenta uma disposição cinética do Yin sobre o Yang. A simetria, contudo, não é estática, é uma simetria rotacional que sugere, de forma eloquente, um contínuo movimento cíclico.

O Yang retorna ciclicamente ao seu início e o Yin, em seu apogeu, sede lugar ao Yang. Os dois pontos do diagrama simbolizam a ideia que todos veem: cada uma das suas forças atinge seu ponto externo e manifesta dentro de si o semelhante do seu oposto.

A medicina tradicional chinesa também se baseia no equilíbrio do Yin e do Yang no corpo humano, sendo qualquer doença encarada como um rompimento desse equilíbrio. O corpo acha-se dividido em partes, Yin e Yang.

Globalmente falando, o interior do corpo é Yang e a sua superfície é Yin. A parte posterior, Yang; a dianteira, Yin. Dentro do corpo existem órgãos Yin e Yang. O equilíbrio entre todas essas partes é mantido pelo intermédio de um fluxo contínuo de CHI ou energia vital, que corre ao longo de um sistema "Meridiano" que contém os pontos utilizados na acupuntura. Cada ponto dispõe de um meridiano associado, de tal sorte que meridianos Yangs pertencem à ordem Yin e vice-versa. Sempre que o fluxo entre o Yin e o Yang é bloqueado, o corpo adoece.

As doenças, com base nessa doutrina, podem ser curadas, fixando-se agulhas nas pontas e acupuntura para estimular e restaurar o fluxo de CHI.

# TEMA 40

# A CIÊNCIA MATERIALISTA E A METAFÍSICA

A ciência materialista é representada por um núcleo de cientistas muito céticos. Esse ceticismo deve existir justamente porque os cientistas precisam acreditar no que é tocável. Já a metafísica, desde os primórdios da humanidade, vem possibilitando aos filósofos desenvolverem o estudo "além da física", isso é, o estudo da alma, um estudo transpessoal.

Os filósofos tinham e têm um embasamento ligado à dimensão cósmica e os cientistas têm um embasamento ligado ao material, no "aqui e agora".

A visão científica materialista é importante para o desenvolvimento humano e o cientista não pode em nenhum momento seguir os dogmas, pois, se eles seguirem os dogmas, não são cientistas. Eles seriam místicos, magnetizadores etc. Eles têm que seguir a ciência de forma totalmente prática.

Já na metafísica, os filósofos antigos tinham uma visão alicerçada na alma. Pitágoras, por exemplo, acreditava na imortalidade da alma. Já o filósofo Plotino acreditava que o ser seria triplo: uno, intelectual e alma. Sócrates e Platão tinham uma visão metafísica e a maioria dos filósofos acreditava na imortalidade da alma.

Alguns cientistas, como o Prêmio Nobel de Física Albert Einstein, acreditavam fortemente na existência de Deus. Já Isaac Newton era cético em todos os sentidos – profissionalmente e pessoalmente.

O pai da psicanálise, Sigmund Freud, também era muito cético, embora os místicos afirmem que não existe ninguém absolutamente cético, pois sempre se acredita em alguma coisa.

Carl Gustav Jung, também psiquiatra, foi seguidor de Paracelso e tinha uma visão mística transpessoal. Acreditava na imortalidade da alma, em Deus e que existia entre o céu e a terra muitos enigmas a serem desvendados.

Na verdade, o magnetismo, o misticismo, a ciência materialista e a metafísica andam juntas em dimensões diferentes. Em alguns momentos discordam entre si e em outros concordam. A lei da sobrevivência é essa.

A Filosofia é muito importante para o desenvolvimento universal, a metafísica é muito importante para o desenvolvimento do cosmos, o magnetismo é muito importante para o desenvolvimento psíquico e a ciência organicista é muito importante para o desenvolvimento material e universal.

O ser humano tem toda a capacidade de interiorização mental e física para acessar os meios terrenos e espirituais.

O ser humano é dotado de uma capacidade inenarrável, mas, infelizmente, ele usa menos de 10% de sua capacidade mental. Quem provou essa tese foram os filósofos citados. Todos os magnetizadores e todos os seres que buscaram no mais profundo interior – na alma – o conhecimento pleno da vida.

A partir dos estudos metafísicos, entre todas as ciências citadas, a metafísica é a mais profunda. Por meio da ciência metafísica, acreditamos que, futuramente, nós vamos conhecer a dimensão da qual viemos, o que viemos fazer aqui e para onde vamos. Com certeza, vamos provar que os filósofos, na sua maioria, estão certos da imortalidade da alma. Vamos conseguir conciliar todas as ramificações científicas e vamos trabalhar os poderes psíquicos e os nossos poderes de alma, até então inexplicáveis.

Hoje se sabe que a alma retorna em outro corpo após o desencarne, mas a metafísica ainda não provou a realidade desse fato. Acredita-se que no futuro nós teremos provas de que realmente existe a vida extracorpo e, além dessa vida, existe habitação em outros planetas. É a partir do desenvolvimento científico que nós vamos chegar a essas conclusões.

A ciência materialista não deve seguir dogmas e, sim, padrões até certo ponto ultrapassados (e os cientistas acreditam que estão totalmente corretos ao seguir tais padrões).

Os cientistas buscam, desde os primórdios, ultrapassar o criador. Todas as descobertas deles têm a preocupação de fabricar um ser maior que o ser universal.

PSICOLOGIA TRANSPESSOAL: VISÃO METAFÍSICA

Na verdade, até certo ponto, o ceticismo mistura-se com o cientificismo, com o poder que eles acham que têm. Eles acham que são os donos do universo e que têm poderes de fazer e acontecer a partir de suas criações quando, na realidade, são limitados.

Enquanto os metafísicos descobriram parcialmente que existe a alma, os cientistas ainda estão preocupados com o corpo. Nesse ponto, eles estão muito ultrapassados: os metafísicos estão muito avançados estudando o retorno da alma em outro corpo, em outro planeta, em outra dimensão, enquanto os cientistas ainda se preocupam em fabricar o corpo, com material, com o aqui e agora.

Enquanto os cientistas estão preocupados com discos voadores, os metafísicos estão descobrindo planetas habitados que os cientistas nunca imaginaram que poderiam existir; enquanto os cientistas estão preocupados em "caçar" ETs, os metafísicos têm uma visão extremamente transpessoal sobre seres extraplanetários; enquanto os cientistas estão preocupados em fazer um clone, os metafísicos têm uma visão muitíssimo aguçada e sabem que ninguém conseguirá ultrapassar a Deus e que ninguém jamais vai conseguir fazer um ser humano. Pode-se fazer réplica, mas fazer outro ser humano, jamais.

Nesse ponto e em muitos outros, os cientistas estão estacionados porque eles estão visando ao poder material, enquanto os metafísicos estão comungando com o poder universal.

Acredito que os cientistas precisam ser mais humildes e precisam pesquisar melhor no seu interior, pesquisar melhor e sair das entranhas ultrapassadas das repetições do material e buscar a luz da alma.

Estudar mais o cosmos de certa forma e deixar de preocupar-se tanto com as repetições, e também deixar de competir com o seu próprio criador. Isso porque há cientistas que acreditam que são incriados e, na verdade, o único incriado é a energia onipotente, que cada um chama do jeito que quer (pode ser Alá, Deus, Emanuel). Não importa a forma, porque essa energia não tem fórmula.

Os cientistas precisam utilizar o ceticismo até certo ponto; mas, na sua vida interior, eles precisam ter a noção de que eles não passam de seres criados e que jamais ultrapassarão o criador. Pelo fato de a criatura jamais ultrapassar o criador, o ser humano jamais vai conseguir criar outro ser humano. Ele pode desenvolver bem a genética, várias ramificações científicas, mas jamais ultrapassar os poderes do universo. O ser é transpessoal e universal.

Nós somos alma em plenitude – este é o ponto de vista metafísico e a metafísica não veio para ficar. A ciência organicista fica até certo ponto, mas não tem continuidade em termos de realidade cósmica. Ela tem continuidade em termos práticos, terrenos e materiais e para por aí. Daí segue a metafísica com todas as ramificações e o estudo do universo de uma forma altamente plena.

Os cientistas são indivíduos basicamente céticos, eles acreditam somente no que veem, no palpável, no tocável. Nesse ponto é necessário o ceticismo, porque se eles fossem misturar as coisas, as religiões, dogmas e acreditar em tudo o que eles veem, aí não seria ciência materialista e não existiria, portanto, a ciência propriamente dita. Isso não quer dizer que os cientistas na sua vida particular (individual) sejam céticos. Eles são céticos profissionalmente, pois a maioria dos cientistas acredita em alguma energia existente. Alguns acreditam até em Deus, só que em sua vida individual. Na parte profissional, eles são altamente céticos.

Nos livros escritos pelos cientistas, há um floreamento muito grande nessa questão do ceticismo, mas existem por trás de tudo isso vidas pessoais. Por exemplo, Einstein foi e onde estiver é um grande cientista, conhecido como cético, mas na vida individual ele acreditava em Deus. Quem duvidar disso, leia o livro *Como vejo o mundo*. Lá ele vai passar vários pontos de vista e, naturalmente, a partir desse livro se percebe a intimidade de Einstein, que não tem nada a ver com a parte profissional.

Einstein é um ser humano como qualquer outro, com seus defeitos e qualidades, com suas crendices. Só que na hora de profissionalizar as coisas, ele teria de utilizar-se do ceticismo, justamente para não deixar ser ludibriado por qualquer ponto de vista que aparecesse, isso não quer dizer que todos os cientistas são bonzinhos e que sabemos existir por trás dos lençóis algo nem sempre revelado. Os céticos progridem tanto na vida pessoal como profissional. Tem cientistas que sabem lidar com essa situação. Muitos acreditam até na base metafísica; como exemplo disso podemos

PSICOLOGIA TRANSPESSOAL: VISÃO METAFÍSICA

exemplificar Lavoisier, que acreditava tudo se transformar, assim como o defendia o velho Heráclito. Então ele dizia: "Na natureza, nada se cria, tudo se transforma". Então se ele teve um ponto de vista da transformação, podemos entender que esse ponto de vista não é cético, porque se houve transformação, alguém transformou. Só é você utilizar-se de aprofundamento psíquico para perceber que se transformou é porque alguém transformou e esse alguém que transformou é o ser maior.

Há algo em transformação. Se não fosse a ciência naturalista, o universo era pior do que é hoje, existiriam mais dificuldades, os indivíduos estariam mais ultrapassados do que são hoje. Na verdade houve uma grande transformação pelos meios científicos. É uma revolução muito maior a partir da epistemologia, do ponto de vista, principalmente da base mística. É lógico que os cientistas, às vezes, querem passar por cima dos poderes divinos, querem fabricar máquinas pra substituir o homem. E nada substitui o homem plenamente. Isso já está claro, plenamente, que a substituição do homem é inexistente.

Os metafísicos são sábios que veem as coisas além da Física. A maioria dos filósofos e dos magnetizadores foram metafísicos. Paracelso foi um dos maiores metafísicos que viveram no plano terreno. Naturalmente a metafísica estuda algo que a Física não consegue explicar. Pegando exemplo do Paracelso, que estudou muito a questão do microcosmo e macrocosmo, essas duas divisões, além disso estudou plenamente a alma, os filósofos. Pitágoras foi um grande metafísico, matemático, mas fora os números, ele acreditou na imortalidade da alma e dizia: e a alma retorna em outro corpo diferente, em outra vida, em outro tempo.

Há 200 anos, mais recente, Alan Kardec vem dar continuidade ao ponto de vista de Pitágoras; falando que existe outra vida, a partir do retorno da alma em outro corpo.

O filósofo Plotino também acreditava que o ser era triplo, era uno (1), intelectual e alma.

Sócrates trabalhou muito a questão da imortalidade da alma, a transcendência do ser, a integração interior, ele foi e é um grande representante da metafísica. Então, nós temos muitos pensadores, muitos sábios que explicitaram a metafísica da melhor forma possível. Hoje em dia, quem não acredita na imortalidade da alma? Existe algum motivo interior para não acreditar? Porque na realidade está visível a presença da alma em nosso corpo.

Entendo, portanto, que o ponto de vista dos cientistas é totalmente diferente do ponto de vista dos metafísicos, dos místicos e magnetizadores.

Os cientistas materialistas, naturalmente, têm que ser céticos e eles são céticos mesmo; justamente porque eles não devem acreditar em tudo que verem, e tudo que eles fazem tem que ter um embasamento científico e esse embasamento está ligado a tudo que eles podem tocar, em tudo que for visível. Pois se eles não agirem assim, vão misturar a ciência materialista com outras ramificações científicas, ou até mesmo com o misticismo e com o magnetismo.

Acredito que os cientistas são céticos até certo nível, pois na vida pessoal, a maioria deles acredita em uma energia que seja Deus ou que seja qualquer outra energia que rege o universo. Lavoisier acreditava que tudo se transforma, ele dizia que nada se cria, tudo se transforma.

## MÓDULO IV

# ENERGIA CÓSMICA - REIKI

# TEMA 41

# REIKI – VISÃO MATERIAL OU DA LIMITAÇÃO TERRENA

## 1 – Definição

Reiki significa "energia vital", "universal". É um sistema natural de harmonização do equilíbrio energético, que visa manter ou recuperar a saúde. É um método científico de redução de estresse e reposição energética. É uma energia confortadora vinda de Deus, do Criador. Vem do macrocosmo para o microcosmo. É um método para despertar o poder que habita dentro de nós, captando e multiplicando energia. Enfim, é uma das maiores forças deste planeta para a evolução das pessoas, um caminho de harmonização interior com o universo.

Na visão holística, o *Reiki* é a energia que abastece, restaura e reorganiza os níveis mais profundos do ser. A técnica *Reiki* não fica obsoleta, é a mesma há milhares de anos.

## 2 – Etimologia

REI – significa universal, refere-se ao aspecto espiritual, à essência energética cósmica que permeia todas as coisas e circunda tudo o quanto existe.

KI – É a energia vital individual que flui em todos os organismos vivos e os mantêm. Quando a energia KI sai de um corpo, ela deixa de ter vida.

O Reiki é um processo de encontro dessas duas energias, a energia universal e a nossa energia física.

## 3 – História

Há milênios, a humanidade tem ouvido sobre processos de cura a partir da imposição das mãos, mas poucos foram tentar desbravar as origens (budistas) desses conhecimentos.

O Reiki é uma técnica de cura natural a partir da imposição das mãos, redescoberta no final do século XIX, pelo Dr. Micao Usui num livro budista tibetano de 2.500 anos em Kioto, no Japão, após 21 dias de meditação. A palavra Reiki significa energia vital universal e também designa uma técnica de captação e transmissão de energia. É uma das mais belas técnicas terapêuticas existentes em nosso planeta.

Em termos científicos, a energia universal, Reiki, já foi explorada por Albert Einstein com a base verdadeira de toda a estrutura existente no universo. É como explicar além do núcleo dos átomos a energia que mantém tudo que existe coeso, mesmo em outras dimensões.

A tradição original de Reiki conhece dois níveis e o mestrado, em que cada nível é perfeito e completo em si mesmo.

No primeiro nível, o aluno recebe as quatro iniciações das quais ele aprende a parte teórica e prática.

No segundo nível, o aluno receberá mais três iniciações e aprenderá a mandar Reiki a distância.

Depois desses dois níveis, vem o mestrado, em que o aluno está maduro para ser mestre e professor de Reiki e deverá ter vocação para ensinar Reiki e terá que acompanhar o seu mestre por longo tempo para poder ser realmente um bom mestre. É necessário haver um amadurecimento do aluno e acostumar-se à frequência mais alta de energia.

O Reiki é um método científico de recomposição energética, um sistema inserido no contexto das práticas terapêuticas alternativas. O Reiki é sagrado, mas não é uma religião ou um sistema filosófico.

## 4 – Importância

O Reiki é importante para nossa evolução e crescimento interior. É uma energia confortadora, um caminho de harmonização interior com o universo. É um poderoso antídoto contra o cigarro, alcoolismo e as drogas que degeneram a humanidade, funciona como instrumento de transformação de energias nocivas em benéficas. É um sistema revolucionário para adaptar o ser humano às exigências da nova "era de aquários".

O Reiki é a democratização da saúde, o equilíbrio ao alcance de todos. O Reiki atua na totalidade do ser – físico, emocional, mental e espiritual. É um método solene de equilíbrio, restauração e aperfeiçoamento de todos os corpos girando num estado de harmonia. O Reiki promove calma e bem-estar.

O Reiki melhora o sistema imunológico e minimiza as dores.

O Reiki mede a estrutura clínica do corpo, ajudando a restaurar os músculos, os nervos, o esqueleto, como também a restaurar os órgãos. Ele age em tudo que precisa ser modificado, no organismo físico e etílico.

É um ótimo recurso para equilibrar os sete principais chakras (centros energéticos) localizados da base da coluna ao topo da cabeça.

O Reiki não apresenta efeitos colaterais, não tem contraindicação, pois aumenta nossas energias física, emocional e mental, expandindo nosso campo áurico. Tem a função de redespertar nossa conexão espiritual com o criador, alargando nossos horizontes e expandindo a conexão com o nosso "eu" superior. O Reiki aumenta a compreensão dos mistérios da vida, aumenta a sensibilidade, ajuda a desenvolver o chakra cardíaco, faz crescer a consciência de amar e a capacidade de ajudar o próximo, de forma incondicional.

Esses são somente alguns dos benefícios da expansão da consciência. O Reiki leva a pessoa a prestar mais atenção em si mesma. Com a ajuda do Reiki, você dará um passo importante para seu desenvolvimento espiritual, aumentando também a criatividade, o que ajudará a descobrir mais sobre si mesmo.

O Reiki terá grande importância para que a humanidade alcance sua plenitude. Não é necessário que o paciente acredite nele, para que se propague ou faça efeito.

É importante dizer que o Reiki energiza e não desgasta o praticante, pois a técnica não utiliza "Chi" ou o "Ki" do reikiano e, sim, a energia cósmica do universo.

No Reiki, quanto mais damos, mais recebemos; quanto maior for o uso do Reiki, mais forte se torna o terapeuta, mais benefícios ele faz a si próprio e aos receptores, pois esses canais de condução de energia se abrem como consequência da prática. Um dos maiores benefícios do Reiki é a possibilidade do autotratamento, uma pessoa pode autoaplicar Reiki em qualquer lugar. O autotratamento é uma prática extremamente efetiva para a liberação da atenção, relaxamento e redução do estresse. O Reiki amplia a energia vital, proporcionando equilíbrio nos corpos etérico e físico. Possibilita também a liberação de toxinas e bloqueios de energias provenientes de emoções retidas.

O Reiki é uma energia "inteligente", penetra no corpo do receptor a partir dos meridianos energéticos e chakras, dirige-se até a causa ou a origem dos desequilíbrios ou enfermidades.

O Reiki serve igualmente para tratamento de quaisquer organismos vivos: animais e plantas.

Portanto o Reiki conduz o paciente à cura necessária do corpo e da mente.

## 5 – Princípios Filosóficos Reikianos

Hoje eu abandono a raiva,

Hoje eu abandono minhas preocupações,

Hoje eu conto com todas as minhas bênçãos,

Hoje eu honro meus pais, meu próximo, meus mestres e meus alimentos,

Hoje eu ganho minha vida honestamente,

Hoje eu sou gentil com todas as criaturas vivas.

Obs.: Esses são os princípios que todo reikiano deve ter no coração.

## 6 – Terapia

É um processo de cura totalmente natural.

O Reiki é uma das terapias mais seguras que existe. Não utiliza medicação ou qualquer outra química.

A sessão de Reiki começa pela anamnese (histórico) do paciente. Tem duração aproximadamente de 60 minutos; proporciona relaxamento e profunda sintonia do "eu primordial"; é um momento de conexão totalmente holística que permite a reintegração pessoal.

Obs.: Esse tempo varia de acordo com as necessidades do paciente.

O número de sessões varia de acordo com a interação do paciente com a energia. Cada paciente, em sua íntima individualidade de padrões, tem um tempo de cura diferente das outras, assim como a origem de seus problemas.

No Reiki, o paciente é colocado deitado, então são trabalhadas, a princípio, 12 posições ao longo do corpo.

A energia Reiki não pode ser manipulada pelo emissor, que simplesmente impõe as mãos sobre o centro energético ou o local afetado e permite a energia fluir. A quantidade de energia que flui é determinada por quem recebe (receptor) e não por quem aplica o Reiki: pois no momento que a região se equilibra, deixa de solicitar energia. Quem a determina é o chakra em desarmonia no receptor. Cada chakra exige uma energia com ressonância diferente.

O Reiki expande nosso campo áurico não necessitando que acreditemos nele, para que se propague ou faça efeito.

O reiki energiza e não desgasta o praticante, pois utiliza a energia cósmica do universo.

Um dos maiores benefícios do Reiki: reforço e a possibilidade do autotratamento, importante para a liberação de tensão, redução de estresse, relaxamento, liberação de toxinas e bloqueio de energia vital, proporcionando equilíbrio no corpo: etérico e físico, alarga os nossos horizontes, aumenta a compreensão dos mistérios da vida, a sensibilidade, faz crescer a consciência de amor, ajuda a levar e prestar mais atenção, maior discernimento, facilita o autoconhecimento.

O Reiki penetra no corpo a partir dos meridianos energéticos e chakras, dirige-se até a causa ou origem dos desequilíbrios ou enfermidades. Serve para o tratamento de quaisquer organismos vivos: animais e plantas.

A terapêutica do Reiki se dá pelo processo de encerramento de encontro das energias Rei e Ki universal espiritual e a nossa energia física que sai do corpo.

O tratamento não é demorado, nenhum objeto ou equipamento é exigido para aplicação do Reiki, só o toque das mãos do Reikiano no seu próprio corpo ou no de outra pessoa é o suficiente. A energia do Reiki está à disposição do usuário 24 horas por dia, independentemente da situação, do local ou de quem o pratica. É útil em todos os lugares, todo dia, portanto é uma técnica simples e prática. O Reiki está ao alcance de todos, inclusive das crianças, anciãos e pessoas doentes A energia Reiki é multidimensional, atua na quarta dimensão (o continuum) em que não há passado, presente e futuro, no qual o fator tempo/espaço deixa de ser um atributo fundamental. Quando fazemos uso da energia Reiki, estamos aplicando energia luz para recuperar e manter a saúde física, emocional, mental e espiritual. Estamos, a partir do método natural de equilíbrio, procurando restaurar e aperfeiçoar todos os corpos, gerando um estado de harmonia e consequentemente a saúde, a qualidade de vida.

Proporciona equilíbrio e conduz o paciente à cura necessária do corpo, da mente e da alma.

O Reiki funciona como instrumento de transformação de energias nocivas em benéficas.

Ao receber uma aplicação de Reiki, o corpo do receptor relaxa e a frequência cardíaca atinge o seu nível de repouso, assim como diminui a

PSICOLOGIA TRANSPESSOAL: VISÃO METAFÍSICA

frequência respiratória. Ao final de uma sessão de Reiki, alguns receptores sentem-se como acordando depois de uma noite longa de sono.

O Reiki melhora o sistema imunológico, ajuda as pessoas a vencerem dores, fazendo sentir-se mais amorosas, felizes e receptivas. O Reiki prende a estrutura ruim do corpo, ajudando a restaurar os músculos, nervos, o esqueleto e a regenerar órgãos. Age em tudo que precisa ser modificado no organismo físico e etéreo. É um passo importante para o desenvolvimento espiritual, pois essa expansão energética ampliará a sua intuição.

# TEMA 42

## REIKI – DA ERRATICIDADE SOBRE ENERGIA UNIVERSAL: ENTREVISTA FEITA COM O MENTOR (ESPÍRITO JHON)

1 – O que é energia universal?

É a energia fluídica que rege o universo.

2 – Como se aplica a energia universal no plano espiritual e terreno?

A energia universal no plano espiritual é aplicada a partir de aparelhos superpotentes, de primeiro mundo, podendo ser aplicada em clínicas com pacientes, em hospitais e bases universais. Já no plano terreno, existem os socorristas que são espíritos médicos especializados, que podem ser encontrados nas estradas, hospitais, em centros espíritas ou federações, enfim, em toda base terráquea. A aplicação da energia universal se aplica individualmente nos hospitais, dependendo da patologia do paciente. Nos casos dos pacientes terminais, aplica-se para desencarnar em paz.

Obs.: É importante enfatizar que a aplicação fluídica é feita sem discriminação, mas se o paciente não tiver crédito, mesmo aplicando, a doença pode se reincidir.

Já nos prostíbulos ou bailes, utiliza-se de tecnologia avançada, que aplica a partir de aparelhos coletivamente, em que são jogados no ar os fluídos e se procura retirar os obsessores do local. Nas estradas, espera-se os acidentes ou faz-se prevenção, caso não consiga socorrer os indivíduos que desencarnam, leva para a crosta e lá são assistidos nos hospitais, a partir dos socorristas de plantão. No centro espírita, em cima, tem sempre um hospital, onde as pessoas que chegam com seus obsessores, estes são levados para o teto e são tratados ou cuidados.

3 – Como se processam as energias universais e qual a procedência ou fonte?

As energias universais são captadas da base do universo (da erraticidade) e são transmitidas sob vórtices fluídicos ou em termos químicos, e é feita uma conexão a partir dos cordões fluídicos, via chakra da coroa, que vai até o chakra do baço. Uma dessas energias é chamada de ectoplasma.

4 – Qual a aplicabilidade das energias universais?

Todo ser humano recebe a energia universal a partir dos chakras, que passa normalmente. No plano terreno, as aplicações são feitas a partir de passe e aplicação reikiana. Mas na verdade, essa energia universal é recebida a todo segundo a partir da transfusão, meditação, relaxamento, respiração de cura. Contudo é preciso o indivíduo se permitir a cura.

5 – Qual a função terapêutica da energia universal? Ou quais as doenças que cura?

Cura todas as doenças, só precisa o indivíduo acreditar em si mesmo e aplicar a técnica no momento certo, na hora certa. O primeiro passo é do paciente, o segundo passo é aplicação de técnicas. Vale a pena salientar que, independentemente de técnicas, existem os socorristas 24 horas em toda base do universo, aplicando energia universal. Aquele que estiver sintonizado com o universo tem acesso a essa energia, independentemente de estar usando técnicas. É evidente que se ele usar uma alimentação saudável; se ele não usar química nenhuma, como cigarro, drogas; se ele está harmonizado com o universo, ele vai captar essas energias, independentemente de qualquer técnica que ele faça automaticamente, de religião, de credo, de qualquer base, se ele está harmonizado com o universo, onde ele estiver, ele automaticamente recebe essa força.

Quanto à função das energias universais, elas têm a função de cura. Como já foi dito, tem socorristas 24 horas, mas se o indivíduo estiver altamente materializado e preocupado só com a dimensão terráquea, ele não vai ter essa cura, porque, quando você usa todo tipo de química (remédio controlado), você bloqueia as aplicações energéticas. É importante avisar isso. Se você tem uma melhora de 100% e você está preparado pra isso, se o socorrista fizer uma aplicação e você tiver usando medicamento forte, um tarja preta qualquer, você vai perder 70% do material que ele aplicou ali. Então, o que ele aplicou 100%, você usou 70%. Ele aplicou pra você ficar bom e você melhorou, só. Daí você chega ao desencarne, porque você acha que tá certo usando aquilo ali, às vezes, você com um probleminha mental leve, você chega a ter um problema crônico.

### 6 – Quais os princípios reikianos ou das energias universais?

O universo é fluídico, as energias universais existem parcialmente a partir das químicas, mas os vórtices fluídicos são produzidos pela questão ectoplasma do indivíduo. Só que esses vórtices fluídicos eles já vêm de uma base universal superior que vai passando por vários setores até chegar à base terráquea. O indivíduo recebe a partir do ectoplasma que vem a partir do cordão fluídico. Mas, além disso, o indivíduo recebe a parte a partir das regências universais que acontece coletivamente, à noite, é jogada automaticamente no indivíduo, independentemente de cordão fluídico, independente de conexão direta, é jogada coletivamente essa energia no universo. Então você me pergunta, o que é que tem de fazer pra receber isso aí? Ele recebe essa energia, independente dele seguir qualquer princípio, ele recebe. Agora fazer efeito, como já disse, se o indivíduo recebe um material 100%, se ele estiver infringindo as leis, ele vai ter acesso a 10%. Mas receber automaticamente ele recebe, como qualquer ser humano, mas é preciso ele se melhorar, estar sintonizado; é preciso ele ser um indivíduo menos materialista, menos ambicioso, porque isso prejudica muito. Então em questão de personalidade, ele precisa ser um indivíduo cada vez mais melhorado e em questão orgânica, ele não deve usar nenhum tipo de química, é isso. Nós estamos falando de aplicação coletiva, mas se você deseja e passa a fazer aplicação reikiana terráquea, todo indivíduo tem energia pra ser doada. Então a aplicação reikiana terrena, ela é aplicada a partir da energia que o indivíduo que está aplicando possui, como qualquer indivíduo tem e ele passa essa energia ectoplasmática para o outro e ele não vai pegar os problemas do outro, porque a energia não é dele, a energia é do universo. Ele transmite para o outro. Mas é importante enfatizar que, independente do indivíduo receber essa aplicação que o outro fizer, naturalmente o outro não vai gastar pra fazer isso, nem vai cobrar nada pra fazer isso. Ele pode ter acesso a essa energia sem precisar cobrar, ou pagar nada por isso; ele já tem, está dentro dele, ele usa da melhor forma que quiser. Então o indivíduo ao tomar um banho de 10 a 15 minutos, ele está fazendo uma limpeza energética e está deixando abertura para as energias universais, as energias fluídicas ectoplasmáticas fluírem muito mais para o seu corpo. Os banhos terapêuticos são muito utilizados, é um técnica reikiana.

7 – Quais as técnicas de aplicação mais práticas das energias universais?

Pode ser aplicado a partir dos passes a partir dos espíritos reciclados, especializados. Mas é preciso saber o que está fazendo. Pode ser aplicado também a partir dos mestres reikianos, a partir do relaxamento, meditação, onde você destrói as energias negativas que estiver ao seu alcance, eliminando e trazendo pra si, a energia universal, a partir de banhos terapêuticos de 10 a 15 ou 30 minutos. Enfim, a partir da água que é uma fonte preciosa de energia universal, pois a água é um bom condutor de energia universal para transmitir, desde que ela esteja limpa, ela transmite essa energia universal, pois existe automaticamente na água, porque é jogado todas as noites, a partir das regências. Como exemplo: a água que bebemos tem energia universal, a água com que banhamos tem energia universal. Nos exercícios respiratórios, você faz uma limpeza das toxinas e naturalmente recebe energia universal purificada. Essa técnica pode ser feita cedo, pela manhã e à noite na natureza ou em seu quarto, desde que tenha uma janela. O exercício deve ter uma duração de cinco minutos. Você ao inspirar introjeta o ar que chamamos de prana, para restaurar todo corpo, mentaliza que está jogando para fora, mentalizando a eliminação de todas as toxinas. Repete esse exercício por três a quatro minutos. Esse exercício vai beneficiar a questão da circulação sanguínea, os radicais livres em geral.

8 – Qual a importância do Reiki para a aplicação da consciência ou para o autoconhecimento?

É muito importante a energia universal, pois é preciso primeiro ter consciência do que é essa energia, as pessoas não têm consciência do que é essa energia universal, que essa energia flui sobre o seu corpo, independente de qualquer tipo de crença, ela existe e você pode utilizar para você ou doar para os outros. Em primeiro lugar, você precisa ter essa consciência. A partir daí, ele se melhora, ele doa pra ele mesmo, doa pra o próximo, aos outros que estiverem à sua volta. Porque se ele se melhora ele vai melhorar todos que estiverem à sua volta automaticamente.

9 – Como as energias universais podem proporcionar um ser humano integral?

O ser humano é quem está em acesso às energias, pode abrir acesso às energias universais, se estruturar mais, estudar mais, se orientar mais para se melhorar, só então é que vai dar mais ênfase à natureza, vai valorizar mais; enfim, trabalhar o si mesmo e tudo que estiver à sua volta, utiliza as técnicas transpessoais, em lugar de tomar um Lexotan da vida, ele vai optar por um produto natural, uma massagem, um cataplasma de barro, sendo assim, ele se melhora.

10 – Como acessar as energias universais de forma eficaz para si e para o outro?

As energias universais estão dentro de você, e a partir da conexão do cordão fluídico que você utilizar para si é só utilizar de técnicas básicas só como falei, você não precisa pagar a ninguém agora (cataplasma, massagem), é importante que você esteja sintonizado ao ser maior (Deus – em si mesmo). Pois quando você acredita na onipotência, você acredita em si mesmo e quando você acredita em si mesmo, você acredita no todo e esse todo faz com que você se ajuste e se reajuste diante do todo.

11 – Qual o método ou técnica para acessar as energias universais? Horário? Local? Postura? Recomendações?

Se você tem integração aos centros espíritas, você vai lá e recebe passe, quando necessário, quando tiver doente, quando precisar, ou procurar a técnica Reikiana, ou fazer respiração, tomar banhos restauradores, pela manhã e à noite; deve também fazer meditação no horário que puder, naturalmente com roupas apropriadas, não necessariamente em posição de lótus e sim numa posição que você achar melhor. Geralmente é recomendável que se faça sentado, é lógico que você não vai ter êxito fazendo uma respiração de bruços, pode fazer de pé ou sentado etc.

## ENTREVISTA INTERATIVA – RESUMO

Energia Universal – é a base de toda dimensão fluídica. Pode se definir o pai da energia universal – Deus.

História – desde que existe universo, a energia universal se constitui de bases químicas e fluídicas.

Finalidade da energia universal – constituição e manutenção da base universal. Sem energia universal não existe nada.

Cura – cura todo tipo de enfermidade desde que o indivíduo esteja predisposto a essa cura.

Fonte – o universo, a natureza.

Fluxo Energético – representa que as energias universais são constituídas por vórtices fluídicos que são integrados a toda base universal, seja água, as árvores, o oxigênio, o ar, o ser humano que também é um meio condutor de energia universal.

Existe contraindicação? – não, existe falta de consciência, de como utilizar, ou seja, se o indivíduo não estiver preparado para utilizar não tem efeito nenhum.

Princípios – para receber a energia universal é importante você estar integrado ao universo e consigo mesmo, o todo.

Autoaplicação – pode ser feita e é benéfica porque você não vai gastar nada com isso, por ser energia universal é uma fonte gratuita. Se o indivíduo tem consciência dessa energia, não precisa ir buscar em ninguém. Como por exemplo: quando você faz uma promessa e pede a Chico de Assis pra melhorar nisso ou naquilo, você naturalmente aguçou ou ativou as energias universais, quem curou não foi Chico de Assis não, foram as energias universais, o acreditar de seu pedido a partir das energias que estão dentro de você.

Os chakras – são muito importantes para o corpo orgânico. São eles que fazem a transfusão energética do corpo humano. Sem os chakras não teria como fazer a transmissão dessas energias, é o canal fluídico ou o canal para recebimento de fluídos.

O Processo Eletromagnético das Energias – as energias são eletromagnéticas, porém quando passam pelo cordão fluídico dos chakras, elas se adaptam ao corpo.

Técnica de Aplicação – a partir das mãos, da água que você bebe, a partir dos alimentos (frutas que você come, do ar que você respira).

Tratamentos Especiais – depende do sujeito que recebe o tratamento. O Reiki existe no universo e é aplicado de forma coletiva e individual. Os indivíduos recebem essa energia automaticamente a partir das aplicações coletivas e individuais que servem para qualquer tipo de tratamento, seja físico, mental, espiritual, emocional, sexual, neurológico, qualquer tipo de situação você resolve aplicando essas energias, a partir de banhos, da conscientização, da meditação. A energia universal é de graça, é cedida pelo universo e você recebe todo dia que é jogada no ar coletivamente; já a quem vem conectada a partir do seu chakra você pode usar para si ou doar para os outros. Em relação à cura, é uma questão do acreditar.

Obs.: É importante dizer que não adianta você só aplicar a energia universal, você precisa reciclar-se interiormente. Porque se você tiver um débito do passado muito grande e você tiver com C. A., por mais que você aplique a energia universal, não quer dizer que você vai se curar, porque tem que saber se você tem mérito.

Medicina Energética – a medicina real é uma medicina energética, o indivíduo orgânico não sabe utilizar a medicina energética porque não dá valor; mas a partir do momento que o indivíduo tiver uma noção do que é medicina energética, ele vai se melhorar. A adaptação da medicina energética é maior do que a orgânica, pois o indivíduo não vai se drogar tanto; vai se alimentar melhor, se ajudar melhor.

Considerações Finais – essa é uma síntese do que é o Reiki parcialmente, do que é energia universal, não posso revelar tudo por não ter ainda autorização, esse é o básico que o ser humano pode saber no momento. Quem tiver acesso a esse material, utilize a melhor forma, porque está dentro de você a cura, não está no outro, não está no médico. E se sabe que quando se procura a medicina alopática, você em vez de melhorar, piora muito mais. Então procure mais valorizar a homeopatia, os fitoterápicos, procure melhorar a alimentação, questão das verduras e frutas; procure melhorar a respiração a partir de exercícios, pois é um meio condutor das energias universais, procure se melhorar, pois a energia universal flui a todo momento e nós não temos noção do que é ela e não autorizamos, mas ela não está no outro, está dentro de nós e podemos utilizar coletivamente ou individualmente. É aquela velha tese: "A cura está dentro do ser humano" e o ser humano já foi criado para se autocurar. Na Antiguidade não tinha médico para passar tarja preta, nem cirurgia e o indivíduo vivia 150 anos, muito tempo, e vivia bem. A alimentação era natural, não tinha química. Mas se ele pegasse um pé de maconha e fizesse um chá, pela inocência não teria nada. Os antigos se adaptavam bem ao universo e viviam muito mais, pois acreditavam neles; se sentissem uma dor, eles massageavam o corpo para passar a dor. O DO IN na Antiguidade funcionava e nós temos que utilizar o que nós temos, o que está dentro de nós e não procuram cura no outro, pois tudo está dentro de nós.

# MÓDULO V

## PSICOLOGIA TRANSPESSOAL TRIMENTAL

# TEMA 43

## A PSICOLOGIA TRANSPESSOAL TRIMENTAL

A Psicologia Transpessoal no Universo tem várias ramificações ou subdivisões, a saber:

Psicologia Transpessoal Universal, Diretivas, Subjetiva, Integral, Interativa, Dimensional, Introspectiva, Zen, Transcendental, Tridimensional, Transversal, Diplomáticas, Segmentativas, Trimental.

A Psicologia Transpessoal Trimental estuda o desenvolvimento humano de forma profunda e objetiva, focando o ser e não o ter, trabalha o Corpo, Alma e Mente. O corpo como parte física do ser: a Alma, parte interna do ser, é a luz; e a Mente, o aparelho psíquico (cérebro). Entende que tudo está registrado na alma, o estudo é de dentro para fora. Visa o todo e a Superconsciência, é a instância do aparelho psíquico mais investigada.

A Psicologia Transpessoal Trimental tem como objetivo retirar o indivíduo da condição de inércia e fazer transcender a condição de senhor de si mesmo.

Apresento suscintamente a Psicologia Transpessoal Trimental que está interligada à condição física e extrafísica, a partir do corpo perispiritual. Não tem como trabalhar a Psicologia Transpessoal sem falar no perispírito, que é o corpo fluídico, bem como o corpo orgânico e os chakras. Esses são os centros energéticos, compostos por sete grandes chakras e 21 pequenos. Estudos mais evoluídos mostram a existência de cerca de 40 chakras pequenos que estão interligados entre si.

Um corpo completo é dotado de corpo físico e corpo perispiritual. O corpo perispiritual está interligado ao corpo físico, ao corpo magnético e ao perispírito. Além disso, temos a alma e sua conexão ao corpo perispiritual. A alma é a luz que está ligada ao fio dourado (cordão fluídico conectado no chakra da coroa), e quando ocorre o corte desse fio dourado, o corpo físico é desligado (morte cerebral) e fica ligado ao corpo perispiritual e, por conseguinte, o indivíduo desencarna. Mas quando há uma junção do cordão dourado com o corpo perispiritual e o corpo físico, o indivíduo está encarnado, ou seja, vivo.

Quando o indivíduo está doente, os chakras grandes mudam de cor e alguns ficam fechados, dependendo do lugar que estiver comprometido. Quando os chakras pequenos se fecham, ocorrem dores nas articulações, reumatismos e outros males.

Na Psicologia Transpessoal, a questão da somatização ocorre ao unir energias negativas e vários tipos de energias que prejudicam o corpo físico. Mas, a partir de algumas técnicas utilizadas na Psicologia ou em outras áreas, você pode retirar tais energias do corpo.

Sabemos que no corpo perispiritual é mais difícil fazer a eliminação das energias negativas que ocasionam distúrbios ao equilíbrio físico energético.

Quando ocorre um acúmulo dessas energias, o indivíduo acaba adquirindo doenças e algumas delas podem permanecer mesmo em outras vidas – quando o indivíduo danifica o perispírito, é difícil restabelecê-lo integralmente.

Então, na Psicologia Transpessoal, não trabalhamos apenas a mente, ou só a parte física, objetiva, trabalhamos também a parte subjetiva que são as reações advindas das forças metafísicas e essas energias podem advir de diversos campos, como: a energia do local, do outro, dos eletrodomésticos, do ar, do mundo.

Toda espécie de energia pode chegar até o indivíduo e ele poderá se prejudicar se não conseguir a neutralizar. É por isso que usamos na Psicologia Transpessoal de procedimentos como: relaxamentos, exercícios respiratórios para limpeza energética, banhos com ervas medicinais com ação repelente etc.

A Psicologia Transpessoal trabalha a questão psíquica e física material que a mente capta; lida também com a questão de alma e tudo que a alma capta. Aliás, na maioria das vezes, os sintomas que o indivíduo apresenta são de natureza inconsciente, mas, na realidade, ele demonstra estar sentindo outro sintoma diferente.

A consciência na Psicologia Transpessoal está ligada à questão física. O inconsciente e subconsciente estão interligados ao perispírito. Nessa visão, entendemos que podemos fazer uma transformação, uma interligação com o paciente e fazer uma produção energética, em que o terapeuta pode realizar uma diversidade de procedimentos terapêuticos e o paciente pode reverter essas energias. Ele pode transformar o todo e refazer a produção patológica e até pode estar com certa patologia. Pode-se transformar a partir da genética e fazer essa reversão para obter uma melhora, ou uma cura, mas isso depende muito do paciente, porque o terapeuta passa as técnicas e o paciente precisa colocá-las em prática.

Nessa Psicologia aprendemos que o paciente tem que ser muito focado no que ele quer. Ele tem que ter objetivo e colocá-lo em prática. Caso contrário, não terá êxito. E, para isso, não precisa que o indivíduo seja espírita e não importa a religião que ele segue. Importa a força da fé que ele tem.

Na Psicologia Transpessoal, não é preciso mudar a religião do paciente. Importa que a pessoa precisa acreditar no que está sendo feito e colocar em prática os passos necessários. Mas é importante dizer como trabalhamos a alma do paciente e, para chegar até a alma, é importante trabalhar o corpo com relaxamento, muito relaxamento psicológico.

Assim, devemos procurar chegar até o ponto nevrálgico da situação e trabalhar a patologia. Nesse caso é importante que o terapeuta esteja em contato sempre com o paciente, que esteja acompanhando todos os fatos importantes para que possa montar o quebra-cabeça e buscar soluções.

A Psicologia Transpessoal cuida das questões mentais e de alma do paciente e busca harmonizá-lo a partir de várias técnicas. Assim o terapeuta vai ter acesso aos campos energéticos e posteriormente aos campos mentais. Trabalha-se a capacidade interior desse paciente a partir de técnicas repassadas no decorrer do tempo.

Nesse nível, trabalha-se a estrutura interna do ser. Se o paciente não tiver participação ativa, o terapeuta terá muita dificuldade.

A Psicologia Transpessoal trabalha, portanto, a questão mental, conectando a alma, cujo poder de resolução e de cura é muito grande, desde que haja interligação entre o paciente, a condição do paciente, o terapeuta e as práticas terapêuticas.

As principais práticas são: exercícios respiratórios de diversos níveis; relaxamento psicológico simples; relaxamento psicológico e físico; regressões psicológicas; hipnose; *Reiki*; meditação; visualização; utilização de sucos e chás; banhos medicinais; argila medicinal; ervas medicinais (fitoterápicos), massoterapia, cromoterapia, aromaterapia etc.

A Psicologia Transpesswoal no universo é a Psicologia primeira e apresenta várias ramificações como: Psicologia Transpessoal Universal, Diretiva, Subjetiva, Integral, Interativa, Dimensional, Funcional, Introspectiva, Zen, Transcendental, Seletiva, Tridimensional, Trimental, Triuniversal, Diplomática, entres outras com objeto de estudo, métodos e técnicas. A Psicologia Transpessoal Trimental estuda o desenvolvimento do corpo, da alma e da mente. O corpo é a parte física do ser; a alma é a parte interna do ser, é a luz; e a mente – aparelho psíquico por meio de práticas como exercícios de relaxamento, regressóeshipnose, Reiki, meditação, visualização, fitoterápicos pelos usos de ervas medicinais (chás, banhos, sucos), massoterapia e outras.

PSICOLOGIA TRANSPESSOAL: VISÃO METAFÍSICA

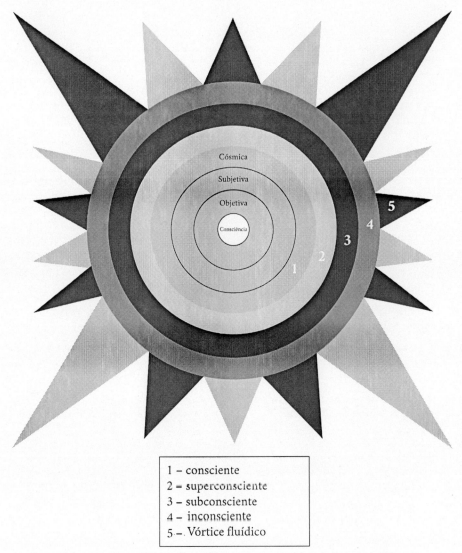

1 – consciente
2 – superconsciente
3 – subconsciente
4 – inconsciente
5 – Vórtice fluídico

MANDALA COSMOLÓGICA DA MENTE E DO NOVO APARELHO PSÍQUICO

# TEMA 44

## A SUPERCONSCIÊNCIA

Sabemos que o aparelho psíquico é composto pelo consciente, inconsciente, superconsciente e subconsciente. Há estudiosos que acreditam que a superconsciência fica logo depois do consciente, outros acreditam que fica após o inconsciente e ainda outros creem que fica após o subconsciente.

A partir de estudos minuciosos, tomamos conhecimento de que a superconsciência existe e ela fica entre o inconsciente e o subconsciente. Mas a questão principal não é saber onde ela se localiza, mas como ela funciona.

Para que ela entre em ação, é preciso neutralizar o inconsciente de alguma forma.

Por outro lado, o alimento da superconsciência é composto por: relaxamentos psicológicos, visualizações, exercícios respiratórios, atividades físicas e alimentação balanceada. Mas, se o indivíduo não faz nada disso, dificilmente se terá acesso à superconsciência, porque o inconsciente vai ampliar sua ação, reduzindo a eficiência da consciência que é utilizada pelo ser humano apenas de 1 a 10% da sua capacidade.

O nosso inconsciente é uma cozinha com todas as informações positivas e negativas e ele vai fazer repetição de tudo que ele achar necessário. É preciso, portanto, tranquilizar o inconsciente e ficar na base do superconsciente.

Estando conectado ao superconsciente o indivíduo se torna tranquilo, consegue raciocinar com mais leveza e não vai se deixar levar por qualquer perturbação. Mas, em geral, não se usa muito o superconsciente por consequência do estresse, correria etc. Quando o indivíduo usa mais o inconsciente do que a própria consciência a outra parte fica neutralizada.

Temos um aparelho psíquico perfeito, mas não usamos da forma correta. Se você usa bebida alcoólica ou qualquer tipo de droga entorpecente, não conseguirá ter acesso ao superconsciente. A superconsciência está aí, mas é pouco utilizada devido às precárias condições de vida do ser humano.

A superconsciência é neutra. O inconsciente joga informação para a consciência, ou seja, tudo que acontecer ele vai repetir, mas se o indivíduo praticar meditação, por exemplo, vai direto para a superconsciência. Quem utiliza dessa prática, utiliza mais a superconsciência que o inconsciente.

A Psicologia que tem como objeto de estudo a superconsciência é a Psicologia Trimental. Mas a prática exagerada de comer vísceras, por exemplo, dificulta a capacidade de promover a superconsciência e, para isso, é preciso reeducar o ser humano para evitar vícios e passar a adquirir hábitos saudáveis.

Nosso trabalho é colocar o indivíduo no caminho da superconsciência para ele gostar de si e se respeitar e, então, respeitar o outro. Que ele passe a fazer atividades que lhe façam bem. Para que deixe de ser escravo dos amigos, da sociedade, da mídia etc.

O homem precisa cultivar bons hábitos para ser referência aos outros. Deve primeiro aceitar-se, respeitar-se, pois precisa se harmonizar em lugar de meramente seguir os comandos dos outros.

Deve-se levar em consideração primeiramente a si mesmo. E isso não deve ser confundido com agir de modo antissocial, mas significa que o sujeito deve ser dono do seu eu.

Para tanto, precisa reeducar alimentação, hábitos, gostar mais de si e daí gostar mais do outro. Isso tudo tem um objetivo: viver bem.

A Psicologia Transpessoal está de fato ligada à sintonia extrassensorial e para segui-la o indivíduo preciso mudar, se reeducar, pois não é possível uma pessoa seguir a Psicologia Transpessoal e continuar, por exemplo, ofendendo o outro. É preciso mudar de mentalidade, remover ódios e mágoas do coração. É necessário externar, a partir dos exercícios respiratórios e a partir das visualizações. É preciso fazer uma faxina todo dia e mudar o ritmo de vida a fim de se transformar em um indivíduo mais interiorizado.

Um exemplo prático: por que muitas pessoas casadas vivem doentes? Por causa do ciúme desenfreado, de uma sede de viverem conectadas

PSICOLOGIA TRANSPESSOAL: VISÃO METAFÍSICA

ilimitadamente no outro. Em situações assim, qualquer passo do parceiro que não atenda às expectativas do outro pode gerar insegurança, dor, crise. E o que vai acontecer? O indivíduo já não tem a história do amor, vira mercadoria do outro, objeto do outro.

A relação que seria de amor passa a ser de vigilância e o parceiro vive como capataz do outro. Em função disso, você adquire úlcera, câncer e não sabe da somatização, por viver uma vida de aparências e explicações à sociedade, com simulacro de felicidade lá fora e um verdadeiro pesadelo de perseguição dentro de sua própria casa.

Cremos que o indivíduo que se ama e se respeita vai evitar calúnias e fofocas não vai usar drogas, não vai usar nenhum tipo de psicotrópico, não vai beber nenhum tipo de bebida alcóolica e até mesmo o consumo de refrigerantes ele vai diminuir. Tudo que fizer mal, ele vai procurar eliminar ou diminuir, mas isso ocorrerá gradativamente, certo? Assim, passará a ser um indivíduo mais saudável, mais amável e quem estiver mais perto, vai passar a gostar mais dele do que antes, pois perceberá uma reciclagem, uma escala de regeneração.

O superconsciente está sempre tranquilo, independentemente das investidas do inconsciente. O superconsciente só potencializa coisas boas. É ele quem projeta os sonhos bons, mas se você neutralizar com a superconsciência no inconsciente, ele continuará tranquilo.

A superconsciência lapida o inconsciente, tranquiliza e amplia a consciência a partir das práticas corretas, exercícios respiratórios, visualização etc.

# TEMA 45

## O PODER DO PENSAMENTO POSITIVO

O pensamento é algo só seu, individual, a que só você tem acesso. Alguém só interfere no seu pensamento se você deixar. Sendo assim, você pode utilizar o pensamento para tudo o que for positivo, até porque ele é mais rápido que a velocidade da luz.

Você pode induzir esse pensamento para diminuir uma dor, ajudar um amigo em qualquer lugar do universo, neutralizar pontos negativos em qualquer situação. Quando você pensa positivo, o universo positivo conspira ao seu favor, quando você pensa negativo o universo negativo conspira contra você.

Quando os pensamentos negativos tomam conta, neutralize-os e transforme-os em positivos. Procure se distanciar de tudo que for negativo: pessoas negativas, conversações negativas, conteúdos destrutivos etc. Quando você pensa de forma negativa, tudo ao seu redor fica negativo, quando você pensa positivo, tudo se transforma em positivo.

Vendo por esse lado, procure se distanciar de pensamentos negativos e de pessoas negativas, sempre que puder. Procure se aproximar de tudo que for positivo, leia livros positivos, escute músicas positivas, assista a filmes interessantes, dance, cante. Faça o que é positivo e se distancie do que é negativo.

Enalteça sua alma, acredite na força maior do universo e busque sempre o positivo. Saiba que a velocidade do pensamento é muito elevada e o pensamento negativo destrói tudo o que estiver ao seu redor. Já o positivo, constrói.

É importante que você acredite no seu próprio pensamento e no poder que você tem a partir dele. Se você acredita nesse poder, você remove montanhas, de forma positiva. Mas jamais use seu precioso pensamento para o mal ou para destruir alguém ou algo do universo. Use seu pensamento para enaltecer o universo, as pessoas, você e o mundo.

Sempre que surgir um pensamento negativo, transforme-o em positivo, não deixe que o lado negativo lhe destrua. Construa, revitalize a sua alma, acredite no todo e em todos de forma universal e acredite em você e no poder que seu pensamento tem. Utilize esse poder da melhor forma possível e seja feliz.

# TEMA 46

## EXERCÍCIOS RESPIRATÓRIOS

O ser vivo não vive sem o ar, que é indispensável. Mas, infelizmente, nós não sabemos respirar corretamente. Não utilizamos a capacidade necessária dos pulmões.

Quando o oxigênio é recebido pelo sangue e levado a todas as células, ocorre o funcionamento do corpo, a nutrição, o aquecimento corporal.

Quando o indivíduo não respira corretamente, ocorre uma combustão orgânica incompleta, o organismo não faz plenamente a digestão e o resultado é, em um indivíduo com uma baixa defesa imunológica, o que debilita o organismo.

Atualmente, temos muita dificuldade para respirar um ar puro e de qualidade, pois nos deparamos com o ar contaminado por gases tóxicos, provenientes de fumaça de cigarro, de carros, fábricas etc.

Em todo momento o ar que respiramos está sendo destruído por diversos fatores. Como consequência dessa poluição, temos as doenças respiratórias, neurológicas, estresse etc. O fato é que estamos reduzindo nosso tempo de vida a partir da poluição do ar.

Por isso, é muito importante que você utilize um pouco do seu tempo, duas vezes ao dia (pela manhã e à noite antes de deitar), para fazer os exercícios respiratórios. Com certeza, isso vai proporcionar um conforto orgânico maior e uma maior qualidade de vida.

No momento da prática dos exercícios: se for praticar no quarto, que seja num lugar arejado. Mas se não tiver um jardim à sua disposição, abra a janela do lugar que estiver e pratique os exercícios.

Os exercícios respiratórios devem ser feitos sempre depois da higiene matinal, antes do café da manhã, pois essas práticas feitas com o estômago cheio e o corpo sujo não causam o mesmo efeito que causariam se você estivesse com o corpo e o organismo preparados para se exercitar.

Já no caso da prática à noite, essa deve ser feita entre uma e duas horas após o jantar, pois não é recomendado dormir de estômago cheio.

Recomendamos aos familiares e funcionários de residência que não perturbem no momento da "prática": procurem se isolar e praticar os exercícios sem nenhuma interrupção e, se possível, em profundo silêncio.

No momento da prática respiratória, é importante que o ambiente seja muito silencioso. Nesse caso, nem música deve ser utilizada. Quanto mais silêncio houver, melhor. Não se esqueça de manter a janela aberta e observar a questão da alimentação.

É importante comer frutas como pêra, abacate, acerola, laranja, manga, mamão, abacaxi, ameixa etc. e utilizar também os sucos naturais de frutas frescas.

É saudável também usar muitas verduras do tipo "folha": alface, agrião, rúcula, couve-folha, almeirão, acelga, espinafre, brócolis etc.

Legumes como cenoura, couve-flor, vagem, beterraba, batata-inglesa, inhame etc. também têm importância.

É essencial ter uma alimentação regrada e balanceada, principalmente quando se pratica essas técnicas de relaxamento, meditação, respiração e visualização.

É por demais gratificante manter o corpo e a mente saudáveis. A hidroginástica faz muito bem para a saúde física e mental. Por isso, recomendo que se pratique a hidroginástica no mínimo três vezes por semana, pois isso vai lhe fazer muito bem (ver técnica).

## 46.1 TÉCNICAS: EXERCÍCIO RESPIRATÓRIO

É pela respiração que absorvemos a energia vital, cósmica. O oxigênio é levado a partir da respiração aos pulmões e vai direto para a corrente sanguínea, chegando até as mais longínquas células do corpo físico,

PSICOLOGIA TRANSPESSOAL: VISÃO METAFÍSICA

tranquilizando e relaxando o indivíduo, deixando-o mais sereno e em paz consigo mesmo.

Sabemos que o oxigênio absorvido pela respiração é indispensável à nossa vida. Muitos ignoram que o próprio alimento que ingerimos só desempenha o seu papel nutritivo quando é queimado nas células pelo oxigênio que inalamos de forma mecânica.

A vida inicia-se para o ser humano quando ele é expelido do ventre materno, ao receber pela primeira vez o ar nos pulmões e realizar a primeira inspiração.

Quando fazemos exercício respiratório, absorvemos energia universal que é toda manifestação de força física, metafísica, atômica, emocional e transpessoal.

A partir dos exercícios, você põe para fora tudo que estiver lhe incomodando. Eles funcionam como uma faxina no corpo, na alma e na mente.

Os exercícios podem levá-lo a transcender as instâncias mais básicas; eliminar as toxinas; neutralizar o ódio, a angústia, o mal-estar, a depressão, as células cancerígenas, úlceras, gastrite, ressecamento intestinal etc. A partir dessa prática você pode potencializar os chakras e neutralizar energias destrutivas, que podem estar acumuladas no corpo físico, a partir das somatizações energéticas.

Praticando regularmente os exercícios você tem oportunidade de transcender a sua vida a partir dos vórtices fluídicos presentes na energia cósmica universal.

Pense positivo, o pensamento positivo é a chave do poder universal. Transcenda a sua alma, a partir do exercício respiratório.

Pratique regularmente de uma a duas vezes por dia, antes de dormir e após acordar, ou no momento que disponibilizar de tempo. Boa sorte e seja feliz!

### 46.1.1 Técnicas: Respiração, Visualização, Relaxamento

Essas técnicas estão sendo utilizadas no Hospital das Clínicas em São Paulo. No plano terreno, no ano de 2014, o Conselho de Cardiologia decretou os quatro pilares da medicina alternativa não medicamentosa: técnicas respiratórias, alimentação, exercícios físicos e tratamento psicológico.

Pesquisas na Universidade Harvard detectaram que as técnicas respiratórias podem curar. Pesquisas apontam a possibilidade de chegar à cura ou ao controle de determinadas patologias, procurando sintetizar práticas de Tai Chi Chuan, yoga e técnicas budistas.

Todas as mentes humanas têm conexão, mas é preciso vencer o comodismo das pessoas. Todas as mentes estão preparadas e só precisam ser ativadas. Hoje o ser humano tem 100% da mente desbloqueada e o bloqueio que existe decorre exclusivamente da acomodação.

Essas técnicas respiratórias podem ser feitas em grupos ou isoladamente. E se fizer todos os dias, por um período de 15 dias, surgirão resultados. Mas se é para se acalmar, relaxar, o importante é que essas energias sejam harmonizadas.

## PRÁTICA A PARTIR DE EXERCÍCIOS RESPIRATÓRIOS

Pode ser feita de várias formas: sentado, em pé ou deitado.

Pense em algo positivo (paz, harmonia etc.), inspire e retenha a respiração, em seguida, expire.

Fazer: manhã ou noite antes de dormir.

Objetivo: potencializar as energias dos chakras. Serve até para emagrecer.

### Exercício respiratório para acalmar o sistema neurológico e para não fechar os chakras

Consiste em inspirar e expirar rápido indo e voltando. Pode ser praticado na hora da agonia no trânsito por 5 segundos, pois você oxigena o cérebro. Deve ser feito no dia a dia. Esse exercício também trabalha a postura, ajuda a ordenar os órgãos.

### Técnica: Sinergia

O paciente inala o ar e vai descendo a mão em cima da outra e vai retendo a respiração. Mentalize algo positivo. Essas energias podem passar até a outra pessoa que esteja distante.

TÉCNICA DE RESPIRAÇÃO – Conte até 3

A Psicologia Trimental utiliza muito do exercício respiratório. Quando você está perturbado, por exemplo, você respira e conta 1, 2, 3. Em um minuto, você reoxigena o cérebro, se acalma, acalma o corpo orgânico todo e, por conseguinte, a alma. E quando você acalma a alma, você está bem.

Quando o indivíduo pratica exercícios respiratórios, ele não se altera com facilidade e consegue se controlar melhor.

Essa técnica pode ser muito utilizada no trânsito para você sair ileso.

## 46.2 TÉCNICAS DE RESPIRAÇÃO

Esse exercício respiratório é apropriado para todas as pessoas, exceto aquelas que têm problemas cardíacos e pulmonares. Nesse caso, é importante solicitar autorização médica. Recomenda-se esse exercício especialmente para levantar o ânimo e para combater todos os tipos de cansaço: físico e mental. Serve ainda para fortificar os nervos, para um sono reparador e bem-estar em geral.

INSPIRAÇÃO, RETENÇÃO, EXPIRAÇÃO

É importante dizer que após alguns dias da prática desse exercício, poderá surgir uma certa tontura, isso ocorrerá em virtude da vitalização orgânica. Não é necessário se preocupar, pois isso é apenas momentâneo.

1.ª TÉCNICA

Primeiro você inala o ar nos pulmões com uma das narinas fechadas e com o auxílio do polegar. Use o limite máximo da sua capacidade pulmonar, mas sem forçar. Retenha o ar por alguns segundos e depois exale pela narina. Faça esse exercício por cinco minutos, alterando as narinas. Esse exercício poderá ser feito pela manhã, antes do café, e à noite, antes de deitar.

2.ª TÉCNICA

É importante enfatizar que as técnicas respiratórias não consistem em meramente respirar. As técnicas respiratórias são uma junção de corpo e mente em comunhão com o cosmos.

- 1º passo – Forre o chão com um tapete ou pano limpo. Depois deite de bruços com as pernas esticadas e os braços elevados levemente sobre o abdômen. Os olhos devem ficar levemente fechados.

- 2º passo – Inspire o ar levemente pelas narinas e retenha-o pelo tempo que puder, sem forçar. Quando inspirar, imagine esse "ar" fazendo uma limpeza interior.

- 3º passo – Ao expelir o ar pelas narinas, imagine que os detritos orgânicos, toxinas, estresse, doenças etc. estão sendo expelidos junto ao ar.

Faça esse exercício por no mínimo 10 minutos ao dia (pela manhã ou à noite, sempre higienizado e de estômago vazio). Essa técnica, além de ser respiratória, é relaxante.

Sempre que for iniciar um exercício de relaxamento, é importante utilizar essa técnica previamente.

## 3.ª TÉCNICA RESPIRATÓRIA

Sente-se no chão com as pernas levemente dobradas, mas não necessariamente em posição de "lótus". O importante é que esteja numa posição bem fixa e ereta e, a partir daí, inicie a técnica de respiração e visualização.

1º Inspire levemente o ar e retenha-o por alguns segundos. Imagine que o ar absorvido está sendo levado a partir da corrente sanguínea e de todas as células, revitalizando todo o seu organismo.

2º Na inspiração, imagine que os males, as toxinas e todas as agruras indesejáveis estão sendo exterminados a partir do ar expelido.

Pratique o exercício diariamente por no mínimo 10 minutos, pela manhã ou à noite.

### 46.2.1 Técnicas Respiratórias, segundo Caio Miranda

Ao nascer do sol, quando a luz imaculada da aurora envolver o mundo, deverá o discípulo sentar-se em lugar tranquilo e agradável, procurando harmonizar-se com a natureza-mãe e aspirar então pelas narinas o hálito divino da vida. Sentirá Deus dentro de si. Quem assim proceder não será atingido pelo tempo, porque estará unido à eternidade.

A técnica dessa forma de respirar, denominada na Filosofia yogue de "respiração profunda", é simples. O praticante deve estar sentado, sem encostar-se ao espaldar da cadeira. A cabeça, busto e abdômen devem ficar na vertical, sem forçar atitudes. Os olhos devem estar fechados e as mãos espalmadas sobre os joelhos. Embora a parte superior do corpo esteja ereta, não deve haver tensão muscular ou nervosa, pois o relaxamento dos músculos deve ser o maior possível.

O estado de espírito do praticante deve ser o mesmo de um crente que comparece a um culto religioso, isso é, regozijo íntimo, dignidade e pureza. Nessa situação, deve-se procurar afastar-se da torrente habitual dos seus pensamentos e emoções, buscando obter uma calma, atitude mental de paz e receptividade. Para isso, deve-se ficar em absoluto silêncio durante alguns momentos. Quando julgar que obteve as condições necessárias, faz-se mentalmente a seguinte afirmação:

– Eu amo a respiração, porque ela me dá vida, força, alegria e serenidade.

A seguir, inspire calma e profundamente o ar pelas narinas sem, contudo, forçar o aparelho respiratório. Ao absorver o ar, formule a ideia de que está absorvendo profundamente Prana, a energia universal.

Com os pulmões cheios, retenha a respiração por alguns instantes, cuidando para que não haja esforço exagerado. Durante essa retenção, pense que o Prana está sendo absorvido e levado a todas as células, revitalizando-as e rejuvenescendo-as.

A seguir, libere o ar, sempre pelas narinas, imaginando que toxinas, detritos orgânicos indesejáveis, preocupações, doenças e mazelas estão sendo expelidas do corpo, juntamente do ar.

É importantíssimo formular as imagens mentais acima descritas. O poder da mente é extraordinário e produz efeitos imaginados.

Páginas 54 e 55/Livro de Caio Miranda.

Segundo Caio Miranda, podemos dividir o pulmão humano em três partes bem distintas. A parte baixa, situada imediatamente acima do diafragma (músculo que separa o tórax do abdômen e que, por seu movimento, produz a respiração); a parte média e a parte alta, como é possível ver na figura a seguir, em que as subdivisões estão designadas respectivamente pelas letras A, B e C.

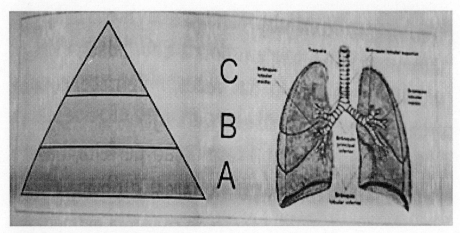

TRIÂNGULO A, B , C E PULMÃO

Pela simples observação do desenho, verificamos que a parte baixa (A) é a de maior volume, a ela se seguindo em grandeza a média (B) e a alta (C). Pois bem, o homem respira utilizando somente a parte média (B); raras vezes aplica a parte A, que é a maior, e jamais utiliza a parte C, denominada ápice dos pulmões.

Para entendermos perfeitamente esse pernicioso hábito, é necessário saber que não é a respiração que produz o movimento dos pulmões, mas o movimento destes é que produz aquela. Como os pulmões não têm musculatura própria, é o diafragma que se encarrega de movimentá-los. Para permitir a entrada de ar nos pulmões, o diafragma se abaixa, produzindo uma espécie de vácuo no tórax que provoca a inspiração. Ora, ao abaixar-se, o diafragma tende a lançar a massa abdominal para fora, produzindo um avanço do ventre. Como está sempre contido pelo vestuário apertado na cintura, o abaixamento do diafragma é diminuto, só produzindo uma pequena entrada de ar, que, não podendo ocupar totalmente a parte baixa (A) que está comprimida, vai encher a parte média (B).

É claro que, com os pulmões insuficientemente cheios, o ar não pode subir para ocupar a parte alta (C). Nessas condições, a maior parte das células pulmonares, por meio das quais o oxigênio passa para o sangue, fica inativa, terminando por se atrofiar completamente.

Além de absorver muito menor quantidade e qualidade de oxigênio com essa maneira defeituosa de respirar, também recolhe o homem pouca quantidade de Prana, tornando-se, na maioria das vezes, enfermiço, nervoso e deprimido, sem vitalidade e sem energia.

Se, por meio de uma respiração perfeita, viermos a utilizar todas as células pulmonares, é óbvio que nossa saúde e vitalidade aumentarão de maneira extraordinária. Esse modo de respirar, empenhando toda a capacidade dos pulmões, é que se denomina em yoga de "respiração completa, se realizada com as atitudes mentais e emocionais já descritas para a respiração profunda".

## 46.2.2 A Respiração Profunda, segundo Caio Miranda

O mundo e a ciência ocidental não têm dado a devida importância ao ato de respirar. Entretanto respirar é sinônimo de viver e nenhum estudo completo sobre a vida poderá ser feito sem a compreensão total do fenômeno respiratório que, para o yoga, é fundamental.

Qualquer de nós poderia passar muitos dias sem alimentação, muitíssimas horas sem se locomover, bastantes noites sem dormir, e, no entanto, ninguém conseguirá viver sem respirar; isso é verdade não somente para o homem, mas para todas as escalas de seres viventes, desde o protozoário até as mais altas formas de existência.

A vida se inicia para o ser humano quando, ao ser ele expelido do ventre materno, toma pela primeira vez o ar nos pulmões, realizando a primeira inspiração. Essa mesma vida termina quando o moribundo exala o último suspiro. Entre o nascimento e a morte, várias coisas se passam, mas, sobretudo, uma série ininterrupta de respirações.

Qualquer pessoa sabe que o oxigênio absorvido pela respiração é indispensável à nossa vida, mas muitos ignoram que o próprio alimento, que diariamente ingerimos, só desempenha seu papel nutritivo quando é queimado nas células, pelo oxigênio que inalamos.

Obs.: Texto extraído do livro *Só envelhece quem quer*, de Caio Miranda (página 49 e 50).

PSICOLOGIA TRANSPESSOAL: VISÃO METAFÍSICA

É por demais sabido que o oxigênio é o principal alimentador e mantenedor da vida do nosso corpo físico, sendo levado pela respiração ao pulmão, de onde passa ao sangue. A partir da atividade do coração e da circulação, o sangue é transportado às mais longínquas células do corpo, onde entrega o oxigênio absorvido, juntamente das partículas nutritivas obtidas pela alimentação, para serem ali queimadas, transformando-se em tecidos e energia. Nisso se resume, em princípio, a nutrição do organismo humano.

Mas não é tudo. Para compreender-se perfeitamente a importância do ato respiratório, é necessário saber que, ao respirarmos, absorvemos também Prana, que é um princípio hiperfísico existente no ar atmosférico. Prana, segundo a Filosofia yogui, é a energia universal, que sustenta os mundos e o universo. Toda e qualquer manifestação de força, seja ela física, mecânica, emocional, espiritual, cósmica ou divina é sempre uma expressão de Prana; é Prana que faz a terra girar e se manter ao redor do sol. É Prana que causa a atividade das partículas constitutivas dos átomos e de todo o cosmos. Prana é, portanto, a energia de Deus no universo manifestado. Prana corresponde, na teologia ocidental, ao Espírito Santo.

Prana pode apresentar-se ainda como força vital, elétrica, magnética, gravitacional etc. É ele que faz germinar as sementes, como também é ele que mantém a vida de tudo o que existe. Enquanto nosso corpo físico se nutre de oxigênio e de alimentos dando-nos vida física, Prana nutre nosso sistema nervoso e os corpos sutis, onde se realizam as emoções, pensamentos etc. Os yogues afirmam que a força de vontade, a força de presença, o magnetismo pessoal e a energia espiritual não se poderão jamais obter pela alimentação e sim pela respiração. Citam exemplos como Gandhi e outros que, embora se alimentando frugalmente, possuíam grandes forças espirituais.

Página 51 e 1.º parágrafo da 52 (Caio Miranda/livro. *Só envelhece quem quer*)

### 46.2.3 A Técnica de Respiração Completa, segundo O yogui Caio Miranda

Inspiração (púraka) – lance suavemente o abdômen para fora enquanto se vai absorvendo lentamente o ar, de maneira a permitir que a parte baixa dos pulmões fique completamente cheia sem interromper a aspiração. Comprima o abdômen, de modo a encher a parte média no final da inspiração com um pequeno esforço. Comprima ao máximo a barriga, enquanto levanta ligeiramente os ombros, enchendo assim a parte alta.

Imagine que, durante essa operação, o Prana está sendo absorvido em profusão.

Retenção (Kumbhaka) – com o abdômen recolhido ao máximo, contenha a respiração e imagine que o Prana está sendo absorvido e levado a todas as células, revigorando-as, revitalizando-as e rejuvenescendo-as.

Expiração (Rechaka) – afrouxando paulatinamente o ventre, comece por baixar os ombros, esvaziando a parte alta; sem solução de continuidade, vá evacuando a parte média e termine por um recolhimento total do ventre, permitindo, assim, o esvaziamento completo da parte baixa.

Imagine que todos os males, toxinas, fatores indesejáveis e preocupações estão sendo expelidos juntamente ao ar.

Faça sempre antes da prática a afirmação "eu amo a respiração etc.".

Passado algum tempo, desde que iniciou os exercícios, começará o candidato a perceber uma vibração especial que o toma durante a sessão respiratória. Isso pode acontecer desde os primeiros dias ou demorar algum tempo, mas acontecerá.

Livro *Só envelhece quem quer*, de Caio Miranda, p. 60-63.

Obs.: A yoga não tem propriamente um criador. Suas origens se perdem no tempo. Sabe-se apenas que ela surgiu na Índia. Como já foi dito, o sábio Patenjalí estabeleceu seus oito estágios.

Temos à disposição dois tipos de técnicas respiratórias: as primeiras, menos burocráticas, sem os termos clássicos da yoga. E as segundas são

PSICOLOGIA TRANSPESSOAL: VISÃO METAFÍSICA

prescritas pelo yogue Caio Miranda. Use as que você preferir, pois todas têm sua importância e, no final, o sentido é o mesmo. Não esqueça que, para qualquer uma que você escolher, será necessário utilizar muita força de vontade e determinação.

# TEMA 47

## VISUALIZAÇÃO:
## UMA ABORDAGEM TRANSPESSOAL

Visualização é o processo de formação de uma imagem mental. Formar uma imagem na nossa mente é chamado de "imaginar", algo que fazemos com muita facilidade. Essa imaginação pode seguir um caminho positivo ou negativo.

Já a visualização pode ser por nós controlada e levada inteiramente para o lado positivo. Podemos até transformar a imagem negativa em positiva a partir da visualização.

A palavra imagem vem do mesmo radical latino que deu origem à palavra "imitar". Quando formamos uma imagem, estamos imitando ou criando uma ideia. Trata-se de uma "imitação" da realidade.

Todas as imagens que você vê fisicamente ou mentalmente são xerox visíveis de uma ideia. A partir daí, as ideias tomam forma.

A visualização é uma imaginação focalizada e o êxito dependerá de sua vontade, pois ela é uma atividade abstrata que primeiro deve tomar forma com as imagens mentais e logo em seguida vem a imagem concreta.

A visualização é utilizada para emergir seus objetivos com muita determinação e responsabilidade ao que imaginar.

Lembre-se: as imagens mentais devem apoiar ou transformar. As imagens da visualização devem ser formadas com o máximo de detalhes claros e objetivos como o tato, o paladar, o olfato e a audição.

A visualização deve ser formulada como uma história, mas com muita precisão e veracidade. É importante, no momento da visualização, não deixar que nenhum pensamento negativo interfira. É por esse motivo que se perde muito propósito e força de vontade.

Infelizmente, quase todas as pessoas usam o hábito de formar quadro muito negativo nas mentes dos outros. Para combater esses devaneios mentais, podemos usar a técnica de visualização integral, pois ela é muito poderosa e eficaz. Enfim, é um processo criativo e maravilhoso (ver téc.).

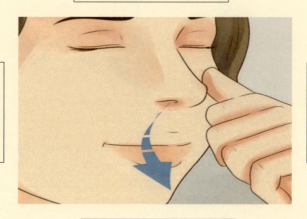

TÉCNICAS DE VISUALIZAÇÃO TRANSCENDENTAL

Deve ser feita quando acordar num lugar sozinho e também quando for dormir. Serve para fazer uma limpeza interior, mas pode praticar as vezes que precisar durante o dia. O tempo da visualização será de um a dois minutos.

Sabemos que os monges usam duas horas para fazê-la. Mas nós conseguimos transportar essa técnica para um a dois minutos para ser feita em qualquer lugar.

Primeiro fazer o exercício simples que consiste em inspirar e expirar pela narina. Esse exercício pode ser feito em pé, deitado ou sentado. Não precisa reter a respiração e deve repetir por dez vezes.

As técnicas de visualização, por sua vez, permitem que você bote para fora todo dia as energias ruins absorvidas. É um material muito rico e tem muita gente praticando no plano terreno. Mas precisamos de alguém que escreva a teoria e é importante que se pratique.

Como fazer visualização?

O tempo da visualização dura em média um minuto. O paciente deve proceder da seguinte forma: a mão esquerda fica para cima e a direita para baixo, uma recebe energia e passa para outra. Cada pessoa tem uma sensação diferente: há quem fique com as mãos dormentes, outros sentem a mão ficar pesada, há quem não sinta nada, mas o resultado vem e é uma técnica rápida.

Quem faz essa técnica não somatiza. Logo, não gerará câncer e já é uma prevenção para várias doenças.

O aparelho psíquico nunca esteve tão aperfeiçoado como agora. Todos os humanos estão estruturados e abertos. Só precisam agir.

## Técnica

A pessoa deve ficar de pé com a mão direita espalmada para baixo, braço esticado e a mão esquerda espalmada para cima. Na sequência, deve mentalizar uma cachoeira banhando o seu corpo, limpando todas as suas perturbações, agonias, mal-estar. Tudo o que for negativo, essa água vai limpando, neutralizando, inclusive na alma e no períspirito.

Agora, mentaliza-se a segunda água, pois já ocorreu a limpeza de todas as sujeiras e agruras da vida. Mentaliza-se essa água trazendo luz, energia positiva, amor, paz, tudo que for positivo; pensa-se só positivo e deixa-se a água fluir e se derramar sobre o corpo. O resultado é se sentir mais leve, seguro, harmonizado. Tempo de duração do exercício: dois minutos.

Essa visualização é muito positiva, por ser rápida e eficaz. A partir dela você faz intercâmbio direto com o superconsciente e neutraliza o inconsciente.

Se esse exercício for feito todos os dias, pela manhã e à noite, com certeza após 15 dias você vai sentir a diferença. Estará mais tranquilo e não permitirá que nada somatize no seu organismo.

A partir dessa técnica de visualização transcendental você fará uma transfusão energética e conseguirá captar energia universal. Você faz autoaplicação de *Reiki* e poderá receber de outro, mas poderá passar para outro. Você pode fazer de qualquer lugar, sozinho ou acompanhado, todo dia.

Primeira parte: deixe a água lavar tudo que está acontecendo com você. Ela tem o poder de limpar as impurezas do corpo e remover as energias negativas. Segunda parte: mentalize luz no infinito, para captar coisas boas para você. É preciso ter criatividade. Em grupo ou sozinho, cada um mentaliza onde deseja estar. Digo: a cachoeira que você merece. O paraíso que você almeja depende de você.

## 47.1 REFLEXÃO DE AUTOCURA (TÉCNICA DAS PEDRINHAS)

Ponha uma música harmonizada e diga ao grupo que vocês farão uma dinâmica. Todos devem sentar-se à vontade, tirar o calçado e ficar com os

PSICOLOGIA TRANSPESSOAL: VISÃO METAFÍSICA

pés no chão. Apague a luz e deixe apenas penumbra. Convide o grupo a ouvir a música, respirar, visualizar uma autocura.

Convide o grupo a visualizar umas pedrinhas. No final, convide todos a relaxar, pensar positivo, acreditar (reações diversas).

Peça que o paciente sente numa cadeira ou deite confortavelmente e acalme o inconsciente. Peça para ele fazer um exercício respiratório de inspiração, expiração e mentalizar um processo de cura, relaxar, com corpo e mente tranquilos.

Oriente para que mentalize uma patologia que ele tem. Mentalize pegando pedrinhas. O paciente jogará várias pedrinhas nas células doentes e destrutivas.

Ele vai jogando as pedrinhas e repetindo para as células que essas pedrinhas vão destruindo as células doentes, e as células sadias vão reagir junto às pedrinhas e vão neutralizar as células negativas.

Assim, as células sadias conseguem neutralizar com as pedrinhas as células negativas reais e o corpo vai se tornando revitalizado, vai neutralizando as energias negativas, as células negativas se destroem e as positivas se enaltecem.

O paciente vai se tornando mais sadio e revitalizado. Vai se reestruturando e suas células vão reagindo e ele vai melhorando, pensando positivo, neutralizando tudo que for negativo e promovendo a autocura. Assim, conseguirá resolver sua situação e em um dado momento, todas as células estarão revitalizadas.

Observe: se você tem uma determinada doença, você vai jogar as pedrinhas sobre as células degeneradas para as positivas reagirem. Isso serve para qualquer doença ou patologia orgânica ou inorgânica (imunidade baixa, câncer, depressão, mal-estar, diabetes etc.).

Isso pode ser feito em dias alternados, mas, se estiver mal, pode-se fazer todo dia. A ideia é que você vá colocando na sua mente que, ao jogar pedrinhas nas células negativas, as positivas vão agir em conjunto com as pedrinhas, neutralizando toda a situação patológica. O corpo vai reagir e tudo vai fluir.

Se você acreditar no exercício que está fazendo, será tão positivo que as células entenderão o que você está dizendo. Você joga isso para a mente, repete mentalmente e as células passam a compreender. Elas entendem e reagem. Se você quiser, você faz uma conexão direta com as células.

Há quem questione, por exemplo, que relação haveria entre a depressão e as células. Tudo está relacionado com as células e a mente não está apenas localizada no cérebro. Está interligada a todo sistema do corpo. Quando você acredita, há uma conexão da mente para os campos energéticos, que passam para todo o corpo e fazem conexão com todas as células e elas podem reduzir ou elevar a imunidade.

Esse relaxamento ou visualização é muito aplicado pela Psicologia Transpessoal, mas você precisa acreditar nele. Você faz o exercício em dois minutos. É uma autoaplicação de *Reiki*, uma autocura.

Na Psicologia Transpessoal Trimental, os outros não fazem nada por você, é você quem faz. Você precisa dizer: "eu quero, eu posso, eu consigo". Você pode buscar ajuda de outros profissionais. Mas é você quem deve conduzir e decidir se você quer ou não. É muito prático e você pode fazer sozinho.

## 47.2 RELAXAMENTO: O DESPETALAR DA ROSA

### Técnica

Sentado ou deitado em local confortável, respire. Puxe e solte o ar, de forma calma e progressiva. Relaxe e imagine uma rosa vermelha.

De olhos fechados, continue relaxando. Agora, passe a retirar pétalas dessa rosa. Cada pétala que você retira corresponde a um problema. Vá despetalando a rosa e respirando, removendo tudo que estiver lhe incomodando (mágoa, ódio, medo, pensamento negativo etc.).

Agora imagine uma luz multicor, essa luz vai te trazer paz, bem-estar, felicidade e vai te deixando tranquilo e relaxado.

# TEMA 48

## TÉCNICAS DE VISUALIZAÇÃO INTEGRAL

- 1º passo – Só deixe fixar em sua mente ideias que sejam positivas;
- 2º passo – Transforme todos os pensamentos negativos que surgirem em positivos;
- 3º passo – Substitua aqueles pensamentos que se manifestarem sem a sua permissão por outros que não lhe incomodem;
- 4º passo – Destrua os pensamentos que vêm de sentimentos de raiva, ódio, estresse etc. Elimine as mágoas e ressentimentos e se interiorize cada vez mais.

Essa técnica de visualização integral pode ser praticada em qualquer hora ou lugar, seja no trabalho, em casa, no momento de lazer etc. Para visualizar ou entrar em alfa não é necessário se desintegrar do meio. Onde você estiver é só mentalizar e substituir os pensamentos negativos por positivos a partir de formulação de "história" mental.

A visualização integral pode ser feita de forma espontânea e natural. Essa técnica pode ser feita para autotransformação do pensamento e sentimento ou para uma autotransformação profissional. Para que seja executada tanto uma quanto a outra, é só fazer a "história" mental bem nítida e o mais real possível, repeti-la várias vezes e esperar o resultado.

### TÉCNICA DA VISUALIZAÇÃO FORMAL

É importante que você esteja usando uma roupa adequada e confortável, que não seja, por exemplo, apertada. É essencial que esteja num lugar silencioso com música clássica em volume baixo, o que favorece a criação de um ambiente agradável e tranquilo, propício ao relaxamento e à concentração.

1º passo – Visualize um lugar bem harmonizado, dê forma a esse lugar e se transporte para lá mentalmente. Viva o momento intensamente, sinta o cheiro do lugar, visualize as cores, o som e tudo que você conseguir captar. Guarde tudo na consciência e traga consigo as imagens mais positivas possíveis.

2º passo – Essa visualização consiste em você fazer uma viagem mental e trazer dessa viagem os valores universais.

3º passo – Deve ser repetida no mínimo três vezes por semana. Lembre-se de que em cada vez devem ser visualizados lugares diferentes.

Vale ressaltar que essa técnica de visualização favorece a higiene mental e a autoestima.

# TEMA 49

## MEDITAÇÃO FORMAL, SEGUNDO OS BUDISTAS

(Esse material foi extraído do livro *Fukanzaz da comunidade budista sotózershei*, p. 19/20, em seu guia para o zen)

*Segundo os budistas, para meditar, deve-se ter um aposento tranquilo, deve-se comer e beber com moderação, deve-se desprezar todas as relações e abster-se de tudo. É importante não pensar no bem e no mal, não se preocupar com o certo e o errado, deter as funções da mente, da vontade e da consciência.*

*Guarda-te de medir a memória, a percepção e o discernimento. Não te apegues ao sentar-se ou ao deitar-se. No lugar onde sentares, estenda uma almofada quadrada e fina, e sobre ela coloque uma almofada redonda e espessa.*

*Uns meditam em "KEKKAFUZA" e outros em "HANKAFUZA". Em Kekkafuza, deve-se colocar o pé direito sobre a coxa esquerda e o esquerdo sobre a coxa direita. Em Hankafuza, deve apenas colocar o pé esquerdo sobre a coxa direita. Deve-se desapertar a roupa e o cinto. Depois, colocar a mão esquerda sobre a palma da mão direita. Ambos os polegares devem se tocar. Senta-te ereto. Não deves te inclinar para a esquerda, para a direita, para frente nem para trás. Tuas orelhas devem estar na mesma linha que teu umbigo. Teu nariz deve estar na mesma linha que teu umbigo. Mantém tua língua encostada ao céu da boca e une teus lábios com os dentes com firmeza. Teus olhos devem estar sempre abertos. Inspira calmamente e, depois de colocar teu corpo na posição adequada, expire com força. Move teu corpo para a esquerda e para direita, permanecendo depois firme na postura de meditação. Pense no impensável. Como pensar no impensável? Pensando além do pensar e do não-pensar.*

Essa é a mais importante fase da meditação zen.

Obs.: segundo os budistas, a meditação deve ser seguida com todas essas formalidades que vimos neste texto, mas existem muitas técnicas de meditação, umas muito formais e outras informais, mesmo porque essas técnicas se dividem em várias ramificações: budista, yoga, taoísta etc. O importante é você fazer a técnica com a qual você tenha maior afinidade.

Na realidade, a dificuldade maior que as pessoas têm para meditar é a tal da "concentração". Uma técnica simples e eficaz para ajudar a concentração: sentar-se numa posição confortável com roupas leves e focalizar um objeto fixo como, por exemplo: acender uma vela e fixar-se na chama dela. Com isso, você vai aprender a sentenciar seus pensamentos e educá-los da melhor forma possível. Adquirindo essa concentração, você melhorará muito a sua perspectiva de vida e, principalmente, aprenderá a controlar a ansiedade, a angústia etc.

Meditar é um termo muito simples, mas com o decorrer dos tempos, adquiriu uma conotação religiosa muito grande. Meditar significa "pensar em", mas a raiz da palavra significa "interessar-se por".

Numa meditação, devemos nos desvencilhar dos pensamentos negativos e pensar só em coisas agradáveis, que nos façam bem. Mas, como existem muitos níveis diferentes de pensamento e de qualidade de pensamento, existem níveis diferentes de meditação.

Algumas meditações são mais abrangentes e valiosas, enquanto há outras que são mais superficiais.

Cada pessoa tem um motivo diferente para meditar. Existem aqueles indivíduos que querem apenas relaxar, outros querem vivenciar informações transcendentais, fora dos limites da consciência. Meditar é o modo que o ser humano encontrou para clarear, limpar, rejuvenescer, abrir e expandir seus pensamentos.

A meditação, formal ou informal, tem duas etapas: a primeira é a concentração e a segunda, a interiorização. É o momento de formular os pensamentos positivos e destruir os negativos. Partindo desse princípio, é importante que haja uma preparação do local e do indivíduo antes da prática da meditação: deve-se providenciar uma almofada adequada, o local e o indivíduo devem estar bem higienizados, deve-se estar com o estômago vazio, roupas limpas e confortáveis, música clássica (som ambiente) etc.

Em relação ao sentar, sente-se numa posição adequada que não o incomode nem prejudique a sua coluna. Se conseguir a posição de lotos, ela é ótima! Mas se não conseguir, utilize a posição que melhor lhe convier.

O local apropriado para a meditação deve ser silencioso e arejado. Não esqueça que no dia da prática da meditação não se deve comer carne vermelha, nem antes nem depois.

YOGA:

A yoga é uma prática indiana bastante antiga. O sábio Pantejalí reuniu vários escritos existentes no seu tempo. No século II a.C., Patenjalí decretou oito estágios da yoga, para que seus discípulos pudessem utilizar com o maior êxito possível.

O objetivo da yoga não é pregar uma série de teorias creditadas pela fé, mas sim fazer com que cada um dos seus discípulos viva intensamente dentro de si, das leis e verdades proclamadas pela yoga e pelo universo.

O termo "yoga" significa, no idioma sânscrito, "união do homem com o seu verdadeiro eu", união do homem com os outros, "união" do homem com todas as coisas.

Os estágios estabelecidos por Patenjalí foram: yama, niyama, assanar, pranayama, pratyahara, dharana, dhyana, samadhi.

## 49.1 SIGNIFICADO DOS TERMOS:

YAMA – significa uma visão correta do mundo, que tem o preceito de: não injuriar ninguém, não praticar violência, não roubar e não usar de falsidade.

NIYAMA – higiene corporal, exigência nos hábitos alimentares, estudo muito profundo da yoga e controle da alma sobre os seus desejos e satisfações do corpo.

ASSANAR – série de posturas utilizadas na yoga. A maioria das nossas posturas é estática.

PRANAYAMA – é o prana, a energia vital universal, responsável por toda a criação.

PRATYAHARA – estágio elevado da yoga. Segundo os yogues, aquele que atingir o pratyahara adquire um controle mental profundo. Só ouve quando desejar escutar, só vê quando quiser enxergar e só sente quando quiser sentir.

DHARANA – poder de focalizar todas as nossas atenções físicas e mentais para onde quisermos. Seria o autocontrole.

DHYANA – segundo os yogues, esse estágio é um dos mais profundos. A partir da meditação, o indivíduo é capaz de dirigir seus pensamentos e emoções para conhecer as verdades do mundo.

SAMADHI – é a inenarrável iluminação. Segundo os yogues é equivalente ao nirvana. Nessa fase, o ser humano entra num processo de "êxtase", uma verdadeira união com o universo cármico. É com o Samadhi que a yoga atinge seu último estágio.

Obs.: Esses são os estágios da yoga. Em yoga, enfatizamos as palavras retenção (kumbhaka), inspiração (Púraka) e expiração (Rechaka). A palavra "mantra" significa vocalização ou repetição de letras, sílabas, palavras ou frases.

# TEMA 50

## TÉCNICA DA MEDITAÇÃO INFORMAL

1º – Sentar numa posição adequada, permanecer com o olho aberto;

2º – Respirar profundamente, expirando (púraka) e retendo (kumbhakalo) o ar por alguns segundos. Depois, expire (rechaka) e solte o ar levemente. Repita esse processo durante todo o tempo da respiração;

3º – A partir daí, surgirão vários tipos de pensamento. Transforme todos os pensamentos negativos em positivos;

4º – Respire cada vez mais profundo, jogando para fora todas as toxinas e fique no mínimo por 30 minutos nessa sintonia. Se surgir pensamento de desistir da meditação, troque-o imediatamente pela ideia de persistir.

Ao término da meditação não levante subitamente; mexa as pernas primeiro, antes de levantar e depois siga sua vida.

## MEDITAÇÃO EM MOVIMENTO

No momento em que você estiver fazendo uma caminhada, pode-se colocar em prática a meditação em movimento. Isso é muito usado pelos praticantes das "artes marciais". Yung Suwor, em outros países, o que, infelizmente, não é muito conhecido no Brasil.

É possível fazer a meditação em movimento e em qualquer momento. Exemplo: na hora em que estiver limpando a casa, dirigindo, lavando roupa, praticando exercício físico (caminhada) etc.

A palavra "concentração", em latim, significa "junta" e "centrum", que é "centro". Então, concentrar significa "trazer tudo para o centro".

## TÉCNICA

1. Dirija seus pensamentos e reações para um foco central, estabeleça seus objetivos e transforme sua mente e corpo em um só.

2. Durante uma caminhada de 30 minutos ou mais, dependendo da sua capacidade física, você deve focalizar seus pensamentos e imaginar coisas altamente positivas. Isso vai proporcionar muita paz interior, caso você pratique essa técnica várias vezes na semana.

Lembre-se de que qualquer atividade que o leve a uma comunhão mais profunda com o seu eu interior é uma meditação em movimento, quer seja ouvir uma música, tocar piano, cantarolar, tomar banho visualizando fluídos positivos, tomar banho de piscina, cachoeira, praia, tanto essas como outras atividades positivas são, na realidade, meditações em movimento.

Meditação em movimento é um processo "desburocratizado", é usar a força universal a seu favor.

# TEMA 51

## BANHO SECO COM BUCHA VEGETAL

Esse banho é muito eficaz nos casos de enfermidades circulatórias e distúrbios nervosos e celulite.

Modo de Fazer:

Com o corpo seco, despir de todas as roupas; pegue a bucha vegetal, massageie todo o corpo, começando dos membros inferiores para os membros superiores. Isso é, massageie primeiro a sola dos pés de forma rotativa, depois escolha uma das pernas e massageie rotativamente até o final da coxa; depois a outra perna, fazendo o mesmo processo. Continue massageando todo o corpo rotativamente em movimentos leves, só não massageie o rosto. Quando massagear todo o corpo com a bucha vegetal sem água, aí tome um banho de no mínimo dez minutos debaixo do chuveiro; depois hidrate a pele com um bom hidratante ou óleo de amêndoa.

Pode ser feito esse banho seco de dois em dois dias. O horário excelente para a prática desse banho é de manhã, logo após acordar, ou à noite, antes de dormir. No caso dos pés, pode fazer todo dia.

Obs.: esse banho não é esfoliação de pele, pois o banho é seco sem nenhum tipo de aplicação de produto; é simplesmente a massagem com a bucha seca sobre o corpo. Pode massagear todos os dias as solas dos pés com a bucha, auxilia no relaxamento do sistema neurológico e circulatório.

Obs.: a bucha pode ser comprada na farmácia, que já vem pronta para uso; se você comprar com casca, ou conseguir na natureza (roça), se prepara a bucha para uso da seguinte forma: descasca a bucha, abre e retira as sementes; depois põe dentro de uma vasilha com água e um pouco de detergente neutro, durante 24 horas; após esse período, retira a bucha, lava bem com água corrente, ferve e depois põe no sol para secar; está pronta pra uso. Quando for higienizar a bucha, coloque 30 minutos em água morna e depois ponha para secar.

Obs.: nos primeiros dias de massagem, procure fazer movimentos leves, pois movimentos bruscos podem machucar sua pele.

# TEMA 52

## HIDROTERAPIA

A água é um elemento vital que revigora a alma e restabelece o corpo orgânico, a partir dos seus poderes curativos. O tratamento hidroterápico é utilizado desde a antiguidade.

### Compressa Refrescante

Modo de fazer: pegue dois litros de água gelada, ponha em uma bacia, use um pano branco e limpo, mergulhe na água e ponha sobre o baixo ventre; deixe sobre o ventre durante um minuto; repita esse processo durante dez minutos. Essa terapia ajuda a remover a febre intensa, descongestiona o cérebro e os órgãos em geral, além de produzir alívio e vigor instantâneo e ajudar no alívio das cólicas menstruais.

Obs.: pode-se fazer essa compressa com água gelada ou com chá de camomila gelado, sendo que o processo é o mesmo.

### Banho Restaurador

Após o banho higiênico, o paciente deve ficar debaixo do chuveiro durante dez minutos, três vezes ao dia. Esse banho é muito importante porque auxilia no tratamento da depressão, distúrbios mentais e neurológicos. Dependendo da gravidade do caso, pode-se tomar o banho três vezes ao dia com a duração de 15 minutos debaixo do chuveiro.

### Pedilúvio Alternado

O pedilúvio é uma forma terapêutica em que se utiliza a água para neutralizar as tensões, as dores neurológicas nos terminais dos pés. Para fazer o pedilúvio alternado, utiliza-se dois baldes grandes, enche um de água morna e o outro de água fria; então se coloca o pé durante dois minutos na água morna e depois na água fria. Deve-se repetir o processo durante cinco vezes: água fria, água morna. Após terminar o exercício (pedilúvio) enxague os pés e embrulhe com um pano durante algum tempo. Esse tratamento pode ser feito três vezes ao dia, sendo que a quantidade vai depender da gravidade do problema. O pedilúvio é recomendado para os tratamentos circulatórios, cardíacos e neurológicos.

Obs.: a aplicação de água fria ou quente pode ser de aplicações secas (bolsa térmica e gel) ou úmidas (banhos e compressas secas).


## BOLSA TÉRMICA COM GELO

A bolsa térmica é utilizada para amenizar dor, conter edemas e hematomas, hipertermia (febre) cefaleia (dor de cabeça), enxaqueca etc.

A bolsa térmica é utilizada da seguinte forma: encha a bolsa de gelo e ponha em cima do local enfermo.

Obs.: no caso de cirurgia, não ponha bolsa em cima do corte e sim ao lado ou embaixo do corte. No caso de hipertermia (febre), ponha a bolsa no plexo solar, ou no baixo-ventre por dez minutos, várias vezes ao dia até passar a infecção.

Já a bolsa de água quente é utilizada para fazer relaxamento muscular. Utiliza-se da seguinte forma: Encha a bolsa de água quente e ponha no local infeccionado. Nunca ponha a bolsa em cima de corte cirúrgico ou ferimento, sempre ao lado ou em baixo.

Para enxaqueca, aplica-se compressa de água gelada. Deve-se utilizar a água e um pano branco e limpo, molha-se o pano na água e põe-se sobre as têmporas até o pano esquentar um pouco. Repita a compressa por dez vezes. Essa compressa pode também ser feita com chá de camomila gelado ou com hortelã.

PSICOLOGIA TRANSPESSOAL: VISÃO METAFÍSICA

## PEDILÚVIO EXCLUSIVO PARA MENOPAUSA OU ANDROPAUSA

Ponha uma balde de água gelada e outro de água natural; ponha os pés na água gelada por dois minutos e na água natural por dois também. Repita o processo seis vezes.

Quando terminar o pedilúvio, enxugue os pés e passe um gel refrescante. Aquele gel que é utilizado em massagem.

# TEMA 53

## GEOTERAPIA – A TERAPIA COM ARGILA MEDICINAL

A argila é um agente curativo maravilhoso; seu efeito é regenerador, refrescante, descongestionante, cicatrizante, desinflama e purifica. Pode ser utilizada nas inflamações de tireoide, fígado, febre intestinais, tumores, ferimentos etc.

Obs.: recomendo que compre a argila em casa de produtos naturais ou farmácia. Observe sempre o rótulo e veja se ela é aprovada pelo ministério da agricultura.

### FORMA DE APLICAÇÃO

Faça uma papa com água ou mel de abelha e ponha no local afetado, embrulhe com uma gaze e deixe de duas horas até 12 horas, dependendo do caso.

# BIBLIOGRAFIA

CAPRA, Fritjof. **Ponto de mutação**. São Paulo: Cultrix, 1986.

CAPRA, Fritjof. **O Tao da Física**. São Paulo: Cultrix, 1975.

**CARTA à Imperatriz Maria Flodorana da Rússia**. 1.º de Agosto de 1998.

DENIS, Leon. **O grande enigma**. 10. ed. Rio de Janeiro: FEB, 1988.

DOORE, Tary (org.). **Explorações contemporâneas da vida depois da morte**. São Paulo: Cultrix, 1992.

DURAN, W. V. **Os caminhos do mundo interior**. Rio de Janeiro: Record. 1972.

FACURE, Nubor O. **Muito além dos neurônios**. São Paulo (SP): FE, 2002.

FREUD, Sigmund. **Interpretação dos Sonhos**. Rio de Janeiro: Imago, 1969.

GROF, Stanislav. **Além do cérebro**. São Paulo: Mc. Graw-Hill, 1988.

KARDEC, Allan. **A Gênese**. 41. ed. Rio de Janeiro: FEB, 1868.

KARDEC, Allan. **Livro dos Médiuns**. 10. ed. Rio de Janeiro: FEB, 1861.

KARDEC, Allan. **O Céu e o Inferno**. 48. ed. Rio de Janeiro: FEB, 1865.

KARDEC, Allan. **O livro dos Espíritos**. 82. ed. Rio de Janeiro: FEB, 1857.

LUCA, Antero de, ABRANS Banbana, LLEWELLYN Richard. **Psicologia Transpessoal**, uma introdução. São Paulo (SP): Totalidade, 1993.

MIRANDA, Caio. **Só envelhece quem quer**. São Paulo: Livraria Freitas Bastos S/A, 1968.

PEREIRA, Yvone A. **Recordações da Mediunidade**. 10. ed. Rio de Janeiro (RJ): FEB, 2002.

ROGERS, Carl *et al.* **Em busca de vida**: da terapia centrada no cliente à abordagem centrada na pessoa. 2. ed. São Paulo (SP): Summus, 1983.

ROGERS, Carl. **Um jeito de ser**. São Paulo: EPU, 1985.

ROMADAN, Z.B.A. Conceito, análise clínica e classificação dos quadros históricos. *In*: FORTES, J.R.A.; MIGUEL FILHO, E.C.; ROMADON Z.B.A.; ARRUDA, P.V. **Psiquiatria e medicina interna**. São Paulo: Astúrias, 1968.

SAMPAIO, A. Patologias psiquiátricas mais frequentes em UTI. *In*: FORTES, J.R.A.; MIGUEL FILHO, E.C; RAMODAN, S.B.A.; ARRUDA, P.V. **Psiquiatria e Medicina Interna**. São Paulo: Astúrias, 1988.

SANTOS, Theobaldo M. **Manual de Psicologia**. 2. ed. São Paulo (SP): Companhia Editora Nacional, 1961.

SCHOPENHAUER, Arthur. **Da morte metafísica, do amor do sofrimento do mundo**. São Paulo: Martim Clarete, 2001.

SCHULTZ, Duane, SCHULTZ, P.D; ELLER, Sydney. **História da Psicologia**. 9. ed. São Paulo: Cultrix, 1998.

VÁRIOS. **Bíblia Sagrada**. Erechin (RS): Edelbra, 1979.

WALSH, R.; VAUGHAN, F. **Além do ego**. São Paulo: Cultrix, 1991.

ZETTER, Kim. **A Cabala**. São Paulo (SP): Best Seller, 2005.